나의 인생 설계도

Originally published in English under the title

SOULPRINT

by Mark Batterson

Copyright ©️ 2011 by Mark Batterson

Published by Multnomah Books
an imprint of The Crown Publishing Group a division of Penguin Random House LLC
12265 Oracle Boulevard, Suite 200 Colorado Springs, Colorado 80921 USA

Published in association with Eames Literary Services, Nashville, Tennessee.

International rights contracted through Gospel Literature International
P.O. Box 4060, Ontario, California 91761 USA

This translation published by arrangement with Multnomah Books,
an imprint of The Crown Publishing Group, a division of Penguin Random House LLC

Korean edition copyright ©️ 2016 by Kyujang Publishing Company

나를 향한 하나님의 계획 발견하기

나의 인생 설계도

마크 배터슨
Mark Batterson

규장

내 영혼의 지문

그 날에는, 대화를 나누기에 가장 재미없고 따분한 사람
이라고 생각한 사람이 당장 엎드려 절이라도 하고 싶은 마
음이 생기는 사람이 될지도 모릅니다. … 이런 엄청난 가
능성을 염두에 두고 … 모든 교제, 우정, 사랑, 놀이, 정책
에 임해야 합니다. 평범한 사람은 없습니다. 우리가 대화
를 나누는 사람들은 그저 죽어서 사라질 존재가 아닙니다.

_C. S. 루이스, 《영광의 무게》 중에서

당신과 똑같은 사람은 지금까지 없었고 앞으로도 절대 없을 것이다. 그런데 이것은 당신에 대한 증거가 아니다. 당신을 창조하신 하나님께서 위대하시다는 증거이다. 당신은 지금까지 세상에 살았던 어느 누구와도 같지 않다. 그러나 그 독특함은 미덕이 아니다. 책임이다. 하나님이 당신에게 주신 선물이고, 당신이 하나님께 드려야 할 선물이다. 당신은 당신의 본래 모습대로 살아야 할 책임이 있다. 당신을 디자인하시고 당신을 향한 계획을 정하신 분에 대한 책임이 당신에게 있다는 사실이 더 중요하다.

착각하지 말라. 이 책은 자기계발(self-help) 서적이 아니다. 자기계발은 턱시도를 빌려 입은 우상숭배에 지나지 않는다. 직설적으로 말하겠다. 당신은 하나님이 원하시는 곳에 다다를 수 있을 만큼 선하지 않고 그럴 만한 자질도 없다. 하나님이 도와주시지 않으면 그분이 원하시는 곳에 이르지 못한다. 그러나 좋은 소식이 있다. 당신의 인생을 하나님께 맡기면 그분이 당신 안에서, 그리고 당신을 통해서 못하실 일이 없다는 것이다. 당신의 인생 전부를 하나님께 맡겨라. 당신의 모든 것을 주께 맡겨라.

이 책은 전적으로 당신과 관계가 있지만, 또 조금도 관계가 없기도 하다. 당신과 똑같은 사람은 지금까지 없었고 앞으로도 절대 없다. 이 사실은 아무도 당신처럼 혹은 당신 대신 하나님을 예배하지 못한다는 뜻이다. 당신은 아무도 하지 못하는 방식으로 하나님을 예배하도록 창조되었다. 어떤 방식? 다른 아무도 살지 못하는 삶, 즉 당신 자신만의 삶을 살아가는 방식으로 말이다. 당신은 당신만의 고유한 계획을 이루어야 한다. 크신 하나님의 이야기 가운데 어느 누구도 당신의 역할을 대신하지 못한다. 당신을 향한 진정한 하나님의 계획을 이루는 과업은 진정한 자기 정체성을 발견하는 데서부터 시작된다. 그 일은 만만치 않은 도전이다.

우리는 대부분 자신이 누구인지 모른 채 평생 살아간다. 오히려 다른 사람들에 대해서 더 많이 안다. 우리의 진짜 정체성은 지금까지 저지른 실수, 지금까지 경험한 위험, 지금까지 믿은 우리의 거짓말 아래 묻혀 있다. 우리는 다른 사람들의 기대에 사로잡혀 살아간다. 우리의 진짜 모습을 불편해하고, 나 아닌 다른 사람이 되려고 애쓰면서 정서적, 인간관계적, 영적 에너지를 너무나 많이 소비한다. 왜? 본래 나보다 나 아닌 사람으로 사는 것이 더 편하기 때문이다. 그런 삶이 더 안전하다고 생각한다. 그러나 자기 아닌 사람으로 살려고 애쓰면 결국 영적으로 타고난 자신의 권리를 잃어버린다. 자신에게 거짓말하는 것은 옳지 않다. 그러면 결국 어딘가에서 자신의 모습을 잃어버리기 때문이다.

당신이 자기발견(self-discovery) 여정의 어느 지점쯤에 있는지 나는 잘 모른다. 어쩌면 당신은 자신이 누구인지 알기 위해 이제 막 애쓰기 시작했는지도 모른다. 또 자기가 어떤 사람으로 살도록 정해져 있었는지 발견하고 명심하는 단계에 있는지도 모른다. 혹은 그 중간 어딘가에서 현재의 내 모습과 내가 원하는 모습 사이의 틈을 메우기 위해 노력하는 중일지도 모른다. 그러나 어느 곳에 있든지, 내가 누구인지(who you are) 발견하는 기쁨과 내가 누가 아닌지(who you're not) 발견하는 자유를 맛보기를 바란다. 물론 그것은 쉽지 않다. 지름길도 없다. 그러나 지금 당신이 숨 쉬고 있다면, 하나님께서 아직 당신을 포기하지 않으셨다는 사실을 명심하라. 당신이 그렇게 되었을지도 모를 만한 사람이 되기에 결코 늦은 법은 없다. 이 약속을 명심하면 열정을 가지고 이 책을 읽게 될 것이다.

✳

제2의 인격

자기발견은 고고학 발굴과 매우 비슷하다. 지표면 아래에 묻힌 보물을 발굴하는 데는 꽤 오랜 시간이 걸린다. 또 무엇을 발견할지, 어디에서 발견할지 확신할 수도 없다. 매우 힘든 과정이다. 깊이 파고들지 못하면 결국 피상적으로 살게 될지도 모른다. 자기가 누구인지도 모르는 사람으로 살면서 어떻게 다른 사람들과 친밀하게 사귈 수 있겠는가? 친밀한 교제는 자기발견의 기능 중 하나이다. 내가 누구인지 모르면 다른 사람들을 진정으로 알아가기가 쉽지 않다. 인간관계에 문제가 생길 뿐만 아니라 직업에도 영향이 있다. 자신의 독특한 재능과 열정을 발견하지도 못한 사람이 어떻게 일하면서 보람을 느낄 수 있겠는가? 아마 생계를 이어나갈 수 있을지는 몰라도 인생을 꾸려나가지는 못할 것이다. 내가 좋아하는 일을 하는 기쁨이나 내가 하는 일을 좋아하는 기쁨을 맛보지 못할 것이다. 그러나 가장 좋지 않은 점은 영적인 부작용이다. 피상성은 위선의 한 형태이다. 만일 자신에 대한 진실을 깨닫지 못한다면 자기에게 거짓말을 하지 않을까? 그러면 그 삶은 반쪽짜리 진실이 될 뿐이다.

내가 살고 있는 이곳 워싱턴 DC의 사람들은 외적인 이미지를 중요하게 여긴다. 30년간 이 도시를 취재해온 〈워싱턴 포스트〉의 멕

그린필드 기자는 이 도시를 '고등학교'에 비유했다. 워싱턴 DC가 과도하게 신경과민이라고 언급하며 그런 점에서 본다면 고등학교보다 훨씬 더 심각하다고 했다.

그녀는 이렇게 말했다.

"고등학교 때는 어떻게든 외적인 이미지를 갖기 위해 최초로 애쓰는 시기이다. 이것은 대중에게 보일 완전한 제2의 인격을 가장하려는 시도이다."

제2의 인격은 간접적인 삶을 낳는다. 우리는 우리 자신의 삶의 방식에 대해 1인칭으로 설명하는 대신, 다른 사람들이 나의 삶이 어때야 하는지 설명하도록 내버려두는 2인칭의 삶을 삶아간다. 그런 삶은 최고의 위선이다. 삶 자체가 거짓말이다. 하나님이 주신 정체성과 하나님이 미리 정하신 계획을 발견하지 못하면 우리는 사람들뿐만 아니라 하나님까지 속이게 된다.

그린필드는 다음과 같이 기록했다.

외적 이미지 이면의 삶은… 지속적인 관심, 양분 공급, 그리고 무엇보다 보호를 요구한다. 이것이 가장 곤란한 점이다.

…아무래도 우리는 외적 이미지를 절대 벗어던지지 못할 것 같다. 우리는 거의 대부분 인생의 많은 시간을 위장하고 산다. 남들에게는 당연히 그래야 한다고 생각하는 모습을 드러낸다. 워싱턴 DC는 다

른 어느 곳보다 그 위선의 정도를 크게 넘어섰다.[1]

이것은 워싱턴 DC뿐만 아니라 어디에서나 해당된다. 사실 피상성은 현대문화의 저주다. 그런데 우리가 이렇게 우리 자신을 전혀 모르고 살아가는 주된 이유는 자신이 발견하게 될 진실을 두려워하기 때문이다. 우리는 있는 모습 그대로의 우리 모습을 보고 싶어 하지 않는다. 그러나 우리가 우리의 타락한 본성보다 더 깊이 파고들어갈 수만 있다면 우리는 우리의 죄 아래 묻혀 있는 진실, 곧 하나님의 형상(the image of God)을 발견하게 될 것이다. 진정한 정체성과 하나님의 계획 또한 발견하게 될 것이다.

이제 당신의 과거 속으로 깊숙이 파고들어가 미래에 대한 단서를 탐색해보겠다. 그동안 당신이 믿고 있던 거짓말들, 당신이 경험한 위험들의 먼지를 탁탁 털어내보라. 그때 당신의 진짜 정체가 드러날 것이다. 비록 고통스럽지만 기쁘고, 자신을 바라보는 시각이 바뀔 수 있는 몇 가지 진실 또한 밝혀지게 될 것이다. 이전과 전혀 다른 방식으로, 즉 창조주의 눈을 통해서 자신을 바라보게 되기 때문이다.

인생의 결정적 순간

시간은 '분'(minutes)으로 측정되지만, 인생은 '순간'(moments)으로 측정된다. 어떤 순간은 다른 순간들보다 더 중요하고 더 많은 주의를 끈다. 그런 결정적인 순간들이 인생을 바라보는 시각을 좌우한다. 그 순간들은 결혼하는 날이나 자녀의 출생과 같이 예측이 가능하기도 하지만, 교통사고처럼 예측이 불가능하기도 하다. 어떤 순간이 결정적 순간이 될지는 알 수 없다. 다만 실제로 그 순간이 되었을 때 그것을 알아보는 것이 내가 누구인지 알 수 있는 열쇠가 된다.

심리학 연구에서는 극소수의 경험만이 인간의 자기개념(self-concept)을 규정한다고 시사했다. 인생에서 일어나는 경험 중 99퍼센트가 무의식 속으로 수증기처럼 사라지고 단 1퍼센트만 의식의 기억 속으로 들어온다는 것이다. 그 1퍼센트 중에서도 1퍼센트 미만이 기억에 남을 뿐만 아니라 영원히 잊혀지지 않고, 그런 순간들이 우리를 정의한다. 그 기억들을 잘 관리하는 것이 일종의 청지기 직분이다.

과거의 경험은 미래의 기회를 위한 준비 과정이다. 하나님께서는 우리의 과거를 헛되지 않게 하시기 위해 우리가 하나님의 눈과 하나님의 섭리를 통해 과거를 볼 수 있도록 우리를 도와주신다. 이렇듯 미래에 당신을 향한 하나님의 계획을 이루기 위한 열쇠가 당신의 과거 기억 안에 숨어 있다.

우리는 거울을 볼 때 축적된 우리의 경험들을 볼 수 있다. 우리 인생의 결정적 순간들이 우리 얼굴의 결정적 특징과 유사하기 때문이다. 어떻게 보면 우리는 그동안 우리가 갔던 곳, 우리가 한 일, 우리가 알고 지낸 사람들로 구성된 집합체이다. 그러나 우리 영혼의 무늬가 될 만큼 진한 흔적을 남기는 장소나 경험이나 사람들은 매우 적다.

그렇다면 '영혼의 지문'이 정확히 무엇일까? 이렇게 생각해보자. 손가락 지문(fingerprint)은 우리의 신원을 확인해주고 이 세상에 살았던 다른 모든 사람들과 우리 자신을 구별해준다. 하지만 그것은 단지 피부 한 꺼풀에 불과하다. 반면 당신의 영혼은 다른 무엇과 비길 수 없는 독특함을 소유하고 있다. 나는 그것을 '영혼의 지문'(soulprint)이라고 부른다. 영혼의 지문은 현재 당신의 모습이 아니다. 앞으로 되도록 정해진, 미래의 당신 모습을 나타낸다. 사람들이 당신을 바라보는 당신의 겉모습이 아니라, 하나님께서 당신에게 계획하신 완전한 모습이다.

영혼의 지문은 우리 몸의 유전자 암호와 다르지 않다. 영혼의 지문은 우리의 진정한 정체성과 우리를 향한 하나님의 계획에 고정되어 있다. 당신은 앞을 바라보며 살아가겠지만, 하나님께서는 이미

정하신 뜻을 따라 뒤쪽에 초점을 맞추어 일하신다. 모든 것을 아시는 하나님은 언제나 궁극적인 목적을 염두에 두고 일하기 시작하신다.

하나님께서 그 사람을 향한 하나님의 계획을 계시하시기 위해 결정적인 순간들을 어떻게 사용하시는지 잘 보여주는 좋은 예가 있다. 바로 다윗의 생애다.

다윗은 이렇게 기록했다.

나를 위하여 정한 날이
하루도 되기 전에
주의 책에 다 기록이 되었나이다
시 139:16

하나님께서 다윗의 모든 날들을 정하셨듯이, 당신의 모든 날들도 정하셨다. 그리고 다윗이 그랬던 것처럼, 당신 역시 하나님께서 정하신 하나님의 계획을 발견해야 하는 거룩한 책임을 가지고 있다.

바울은 다윗의 삶을 상기시키며 이렇게 말했다.

다윗은 당시에
하나님의 뜻을 따라

섬기다가 잠들어

행 13:36

비록 다윗의 시작이 초라했고 엄청난 실수도 저질렀지만, 그럼에도 불구하고 그는 자신을 향한 하나님의 계획을 이루었다. 내가 다윗의 생애를 이 책의 배경으로 삼은 이유도 바로 그 때문이다. 다윗은 영혼의 지문의 원형이다. 따라서 다윗의 삶의 결정적 순간이나 장면들은 우리를 향한 하나님의 계획을 발견하기 위한 단서가 되기도 한다. 그 단서를 잘 기억하면 지금 당신이 하나님의 뜻을 따라 하나님을 섬기는 삶을 살 수 있도록 도와줄 것이다. 이제 우리를 향한 하나님의 완전한 계획을 깨달을 수 있도록 다윗의 삶을 세밀히 분석해보겠다.

다윗이 평생 잊지 못할 어느 날이었다. 그는 무언가를 집으려고 시냇가에서 허리를 굽혔다. 그런데 그 행동은 전쟁터만 둘로 가른 것이 아니라, 그의 인생 자체를 갈라놓았다. 그날 이후 그의 인생은 완전히 달라졌고, 다윗 역시 그 사실을 알고 있었다. 다윗의 인생이 끝나거나 혹은 시작되는 순간이었다.

골리앗이 가까이 올수록 발자국 소리는 점점 더 크게 들려왔다. 그러나 다윗의 초점은 레이저를 쏘듯 한 치의 흐트러짐도 없었다. 다윗은 물수제비를 뜨려고 납작한 돌을 찾는 어린아이처럼 시냇가에서 매끈한 돌들을 찾고 있었다. 돌의 모양에 따라 물매의 궤적이 다르다는 것을 알았기 때문이다. 적당한 돌을 찾았다. 결정적 순간을 맞이한 것이다.

다윗이 시냇가에서 허리를 굽히고 물에 비친 자기 모습을 보았을 때 그는 생전 처음 자신의 모습을 보는 것 같았다. 형을 비롯한 모든 사람들이 양치기 소년으로만 보던 다윗의 진짜 정체가 드러나는 순간이었다. 다윗은 하나님께서 계획하신 사람, 거인 골리앗을 죽일 그 사람을 보았다. 그것이 다윗의 진정한 정체성이자 다윗을 향한 하나님의 계획이었다.

다윗이 시냇가로 내려갔을 때처럼, 우리의 인생에도 남은 우리의 시간에 끝까지 영향을 미치는 결정적 순간들이 있다. 그런 순간들이 우리 삶의 궤적을 영원히 바꿔놓는다. 이 책은 우리를 향한 하나님의 계획을 보여주는 결정적 순간들을 구별해내는 작업과 관계가 있다. 그날 다윗이 시내에서 고른 다섯 개의 돌처럼, 다윗의 삶에 일어난 다섯 가지 결정적 순간들을 살펴볼 것이다. 어쩌면 당신의 삶 가운데 결정적인 순간들이 더 많거나 더 적을지도 모르겠다. 하지만 다윗의 다섯 가지 결정적인 순간들이 거울에 비친 당신의 모습을 좀 더 분명하게 볼 수 있도록 도울 것이다.

⁺ 임마지니 델 꾸오레

아고스티노 디 두치오(Agostino di Duccio)가 버린 실패한 조각상이 있었다. 그것은 보통 사람들의 눈에 그저 훼손된 대리석 조각으로 보였다. 그러나 반세기 후 미켈란젤로(Michelangelo)라는 젊은 예술가의 눈에 비친 그 돌은 무언가 달랐다. 미켈란젤로는 높이가 5미터나 되는 그 대리석을 끌로 새기며 4년의 시간을 보냈다. 처음에 그 돌은 아무 가치도 없어 보였다. 그러나 유사 이래 인간의 손으로 조각한 최고의 걸작이라고 평가받는 작품이 되도록 이미 정해져 있었다. 16세기 화가이자 저술가인 조르조 바사리(Giorgio Vasari)는 그 작품을 기적 그 자체라고 말했다.

미켈란젤로는 자신의 예술혼을 불어넣어 죽은 돌을 부활시켰다. 그렇게 해서 마침내 다비드(David)상이 탄생했다. 그는 조각하면서 그 조각상을 '임마지니 델 꾸오레'(immagine del cuore)라고 불렀고 마음에 한 이미지를 떠올렸다. 그는 다비드상이라는 걸작이 이미 그 돌 안에 있다고 믿었다. 그래서 다비드(다윗)가 드러나도록 나머지 돌들을 제거하기만 하면 되었던 것이다. 그는 눈앞에 존재하는 것을 보지 않고 존재할 수 있는 것, 곧 마음속에 이미 있는 그것을 보았다. 대리석 덩어리의 불완전한 면이 아닌, 비교할 수 없는 아름다운 걸작을 보았다. 이것이 바로 위대한 예술가이신 하나님께서 우리를 보시는 방식이다.

> 우리는 하나님의 걸작품이다.
> 하나님께서 우리를
> 예수 그리스도 안에서 새롭게 창조하셨다.
> 그래서 우리는 하나님께서 오래전에
> 우리를 위해 계획하신 선한 일들을 할 수 있다.
>
> 엡 2:10, NLT 역자 사역

모든 예술 작품은 예술가의 상상에서 비롯된다. 마찬가지로 당신도 하나님의 상상에서부터 시작되었다. 경이로운 생각이다. 아닌가? 당신의 어머니가 당신을 잉태하기 훨씬 전에, 하나님께서 하나님의 마음에 당신을 그리셨고, 당신이 모태에서 형체를 갖추기도 전에, 전능하신 하나님의 상상 속에서 당신은 이미 형체를 갖추고 있었다.

당신은 하나님의 걸작이다. 헬라어로는 '포이에마'(poiema)이다. 이 단어에서 "시"를 뜻하는 영어 단어 '포엠'(poem)이 유래되었지만, 헬라어 단어는 모든 예술 작품을 지칭한다.

당신은 하나님의 그림이다.

당신은 하나님의 소설이다.

당신은 하나님의 조각품이다.

빈센트 반 고흐(Vincent van Gogh)는 이렇게 말했다.

"그리스도는 예술가 그 이상의 예술가이시다. 그분은 살아 있는 영과 육체 안에서 일하신다. 조각상 대신 사람들을 만드신다."

하나님께서는 당신의 인생이라는 화폭에 은혜의 그림을 그리신다. 당신의 인생을 통해 역사(history)를 써나가시면서 '그분의 이야기'(His-story)를 쓰고 계신다. 환경을 통해 당신의 성품을 정성스럽게 가꾸고 계신다. 따라서 자신을 하나님의 걸작이 아닌 다른 어떤 것으로 여기는 행동은 자신의 정체성을 낮게 여기고 왜곡하는 것이다. 우리는 진정한 정체성을 발견해야 한다. 그때 비로소 우리를 향한 진정한 하나님의 계획이 드러난다.

하나님이 정해주신 계획을 의식하는 것은 하나님의 자녀의 권리이다. 이 권리는 앞서 인용한 에베소서 2장 10절에 나오는 진리에 뿌리를 두고 있는데, 여기서 "계획하다"라는 헬라어 단어는 종들을 앞서 보내어 왕의 앞길을 예비하게 하는 동양의 관습에서 유래되었다. 통행로를 확보하여 왕이 목적지까지 안전하게 도착하도록 하는 것이 종의 책임이었다.

그런데 바울은 그 구절에서 그런 고대의 이미지를 거꾸로 뒤집었다. 아니, 바로 세웠다는 것이 맞을 것이다. 만왕의 왕께서 종들의 앞길을 준비하기 위해 앞서가신다. 다시 말해 만왕의 왕께서 합당한 때, 합당한 장소에 우리를 전략적으로 배치하신다는 것이다. 하나님께서는 당신을 만들어가고 계신다. 이것을 기억할 때 우리는 우리를 향한 하나님의 계획에 대한 확고한 감각으로 충만해질 것이다.

✚ 하나님의 이중 계획

미켈란젤로의 걸작 다비드상은 이탈리아 피렌체에 있는 아카데미아 미술관에 보관되어 있다. 매일 수천 명의 관람객들이 그 조각상을 보기 위해 몇 시간씩 기다리곤 한다. 그런데 관람객들 대부분이 다비드상이 있는 곳으로 향하는 복도에 일렬로 늘어선 미완성의 조각상들은 보지 못한다. 조각상의 형태가 여기에 손, 저기에 몸통, 이쪽에 툭 뛰어나온 다리 하나, 저쪽에 머리 일부가 있지만 그것을 알아보기는 어렵지 않다. 본래 교황 율리오 2세의 묘지를 장식하기 위한 의도로 만들다가 결국 미완성에 그친 그 조각상들은, 마치 포로가 자유롭게 풀려나 원래 의도된 모습이 되기 위해서 발버둥치는 것처럼 느껴진다. 그러나 그 조각상들은 돌 안에 꼼짝없이 갇혀 있다. 미켈란젤로는 그 조각상들에 '포로'라는 이름을 붙였다.

포로가 된 것처럼 느낀 적이 있는가? 당신의 발걸음을 막고 주저 앉히는 습관적인 죄를 떨쳐내지 못할 것 같던 적이 있는가? 오래전에 하나님이 당신의 영에 심어주신 꿈이 당신이 원하는 방식대로 구체화되지 않는가? 자신이 어떤 사람이 되고 싶은지, 무엇을 하고 싶은지, 어디에 가고 싶은지 알지만, 아무래도 그렇게 되지 못할 것처럼 느껴지는가? 나는 당신이 어디에 꼼짝없이 갇혀 있는지, 혹은 얼마나 오래 갇혀 있었는지 전혀 알지 못한다. 그러나 하나님께서 시작하신 일을 끝마치기 원하신다는 사실은 잘 알고 있다.

예수님은 첫 번째 설교에서 자신의 사명을 매우 명확히 진술하셨다. 그것은 곧 포로들을 자유롭게 풀어주는 일이었다(눅 4:18 참조). 그런데 우리는 그것을 사법 용어로 생각하는 경향이 있다. 구원을 마치 감옥 탈출 카드(Get Out of Jail Free card, 보드게임에서 사용되는 카드, 어려운 상황을 빠져나갈 수 있는 수단이라는 의미로 사용됨 - 역자 주)처럼 생각한다. 그러나 구원은 그 이상이다. 예술 용어로 생각해야 하지 않을까.

예수님은 단지 우리를 곤경에서 구해주시기 위해 십자가에서 죽으신 것이 아니다. 우리 안에 있는 하나님의 형상이 죄로 일그러지기 이전에, 하나님께서 이미 그렇게 되도록 정하신 그 사람을 다시 살리기 위해 십자가에서 죽으셨다. 예수님은 단지 영적으로만 우리를 자유롭게 해주신 것이 아니다. 정서적, 인간관계적, 지적으로도 자유롭게 해주셨다. 우리는 정말 많은 것들에 사로잡혀 있다. 불완전한 것과 불안정한 것들, 죄책감과 불안, 기대와 거짓말과 실수, 이 모든 것으로부터 우리를 자유롭게 해주시기 위해 예수님은 십자가에서 죽으셨다.

그런데 예수님은 아무 목적 없이 우리를 과거의 모습에서 자유롭게 해주시는 것이 아니다. 우리가 본래 하나님이 정해놓으신 사람이 되도록 만드시려는 것이다. 구원은 최종 목표가 아니다. 새로운 시작이다. 따라서 우리는 우리의 삶을 하나님께 바쳐야 한다. 그때 하나님께서 일하기 시작하신다. 하나님은 우리의 환경이 어떻든지 간에, 우리를 하나님이 작정하신 하나님의 형상대로 다듬어가기 위해 그 환경을 사용하기 시작하신다.

우리는 '무엇'(what)과 '어디'(where)에 초점을 맞추어 하나님의 뜻을 생각하는 경향이 있다. 그러나 우리가 무엇을 하는지, 어디로 가는지는 부차적인 문제이다. 하나님은 우리가 '어떤 사람이 되어 가는지'에 관심을 가지고 있으시다. 그것은 환경과 무관하다. 예수님처럼 보고, 느끼고, 말하고, 행동하고, 꿈꾸고, 사랑할 때까지 우리 안에서 자라고 있는 그리스도의 성품과 전적으로 관계가 있다. 우리의 최종 목표는 내가 어떤 사람인지 깨닫는 것이 아니다. 하나님이 어떤 분인지 깨닫는 것이다. 결국 하나님을 발견해야 비로소 나를 발견하게 될 것이다. 그것이 내가 누구인지 발견할 수 있는 유일한 길이다. 왜냐하면 우리는 하나님의 형상대로 창조되었기 때문이다.

우리를 향한 하나님의 계획은 이중적이다. 하나는 보편적인 계획으로, 그리스도와 같은 삶을 사는 것이다. 그리스도를 따른다는 말은 그분처럼 된다는 뜻이다. 따라서 예수님과 같이 되는 것이 우리 인생의 으뜸가는 목표이다. 그런데 우리는 또 다른 독특한 계획 가운데 있다. 지금까지 이 땅에서 살았던 어느 누구와도 다른 삶을 사는 것이다. 어쩌면 이 두 계획이 서로 모순되는 것처럼 보일 수도 있다. 그러나 전혀 그렇지 않다. 그리스도처럼 되는 것이 곧 다른 어떤 사람과도 같지 않은 삶을 사는 것이다. 그리스도께서는 우리를 우리가 아닌 모습에서 자유롭게 풀어주신다. 그렇기 때문에 우리는 하나님이 본래 계획하신 사람이 될 수 있다.

✛ 가장 독특한 존재

고등학교 생물 시간에 배운 내용을 기억할지 모르겠다. 당신은 46개의 염색체를 갖고 있다. 그중 23개는 아버지에게, 23개는 어머니에게 물려받은 것이다. 염색체들의 독특한 결합이 눈동자 색부터 머리카락 개수에 이르기까지 모든 것들을 결정한다. 우리의 정체성이 어느 정도 유전되는 것처럼 하나님의 형상도 유전되는데, 하나님의 형상은 곧 우리의 유전적 특질인 동시에 우리를 향한 하나님의 계획이다.

당신이 어머니에게 23개의 염색체를 정확히 물려받을 경우의 수학적 확률은 0.5의 23제곱으로, 1천만 분의 1이다. 당신이 아버지에게 물려받은 23개의 염색체에도 이와 똑같은 수치가 적용된다. 따라서 두 수치를 곱해서 당신이 당신 자신으로 태어날 확률은 1백조 분의 1이 된다. 게다가 당신의 부모와 조부모와 증조부모도 똑같은 확률의 염색체 내력을 갖고 있다는 사실까지 계산에 넣어야 한다. 요점이 무엇인가? 당신은 당신이 믿지 못할 만큼 독특한 존재라는 것이다.

이렇게 우리는 모두 독특한 원본(original)으로 시작되었다. 그런데 대부분 다른 누군가의 복사본(carbon copies)으로 끝난다. 자신의 독특함과 다른 사람들의 독특함을 기념하는 대신, 다른 사람들의 독특함에 동화되어야 한다는 위협을 자주 느낀다. 다른 사람들과 비슷해지고 싶어서 나의 독특함을 잃어버리기도 한다. 그렇게 우리는 남들과 다른 사람이 되기 위해 용기를 내는 대신, 자기 영혼의 독특한 지문을 제단의 제물로 바친다.

19세기 사상가이며 시인인 에머슨(Ralph Waldo Emerson)은 《자신감》(Self-Reliance)이라는 수필에서 이렇게 말했다.

"모든 사람이 교육을 받으면서… 모방은 곧 자살과 같다는 확신에 도달할 때가 있다. 좋든 싫든 우리는 자기 자신을 받아들여야 한다."

나는 다윗이 골리앗과의 결투를 준비하면서 정확히 이렇게 했다고 믿는다.

이에 사울이 자기 군복을 다윗에게 입히고
놋 투구를 그의 머리에 씌우고
또 그에게 갑옷을 입히매
다윗이 칼을 군복 위에 차고는
익숙하지 못하므로 시험적으로 걸어보다가

삼상 17:38,39

다윗 시대에 전투에 나가는 전사를 무장시키는 일은 매우 중요한 의식이었다. 갑옷은 전사의 기개를 높이는 역할을 했다. 그렇기 때문에 다윗은 왕처럼 갑옷을 입고 전투에 나갈 수도 있었다. 그러나 그는 "익숙하지 못하니 이것을 입고 가지 못하겠나이다"(삼상 17:39) 하면서 갑옷을 벗어버렸다. 만일 다윗이 완전무장한 채 골리앗의 방식대로 싸웠다면 어떻게 되었을까? 칼을 써본 적이 없기 때문에 패하지 않았을까? 사실 다윗은 그때까지 단 한 번도 칼을 쥐어보지 않았을 것이다(삼상 17:38,39 참조). 좋든 싫든 그는 목동이었다. 따라서 익숙하지 않은 칼을 쓰는 것은 자칫 부상을 자초할 수 있었다. 다윗에게는 칼이 골리앗보다 더 큰 위협이 되었을 것이다. 그러나 다윗은 물매를 든 치명적인 전사였다.

다윗은 인생의 갈림길에 서 있었다. 이제 선택해야 했다. 그의 인생을 좌우하는 선택이다. 다윗은 사울의 갑옷을 입고, 사울의 방패를 들고, 사울의 칼을 휘두르며 사울로서 전장에 나가거나, 물매를 든 목동 자신으로 전장에 나가야 했다. 그러나 다윗은 사울의 갑옷과 칼을 쓰지 않기로 결심했다. 아주 중요한 이유가 있기 때문이다. 다윗은 사울이 아니라는 사실이었다. 다윗은 다윗이 되기로 결심했다.

우리도 이런 상황에 직면할 때가 있다. 살다보면 사울의 갑옷을 벗어던지는 용기가 필요할 때가 있다. 어쩌면 요즘에 가장 보기 힘든 용기일지 모른다. 그것은 바로 자기 자신이 되는 용기이다.

✛ 가장 큰 후회

최근 가족들과 휴가를 보내면서 사우스다코타 주(州)에 있는 블랙 힐즈(Black Hills)를 지나가게 되었다. 그곳에서 가장 먼저 구경한 것은 크레이지 호스(Crazy Horse) 기념물이었다. 1948년, 라코타 족의 인디언 추장인 헨리 스탠딩 베어(Henry Standing Bear)가 폴란드 출신 조각가 코자크 지올코브스키(Korczak Ziolkowski)에게 전설적인 전사 크레이지 호스를 기념하는 조각상을 산에 새겨달라고 의뢰했다. 그런데 정말 아이러니하게도 크레이지 호스는 생전에 사진을 절대 찍지 않았다는 것이다. 만일 그가 살아 있다면, 자신의 모습이 블랙 힐스의 화강암 표면에 171미터 높이로 새겨지는 것을 어떻게 생각했을까? 지올코브스키는 워싱턴 기념탑보다 2.4미터 더 높고, 러시모어 산에 새겨진 네 명의 대통령 얼굴들보다 9배나 더 큰 조각상을 새기며 30년을 넘게 보냈다. 1982년, 그는 세상을 떠났지만 그의 자녀들은 계속해서 이 과업을 이어나갔다. 이 작업은 2050년에 완공될 예정이라고 한다.

그 목표! 세계에서 가장 큰 조형물이 될 조각상을 새기는 과업을 생각해보면 이런 질문을 하지 않을 수 없다. 왜 실물보다 훨씬 큰 조각상을 새기는 데 한평생을 허비하는 것일까?

지올코브스키는 말한다.

"여러분의 인생이 끝날 때 세상은 여러분에게 한 가지 질문을 할 것입니다. '당신은 당신이 하기로 되어 있는 그 일을 했습니까?' 하고 말입니다."

왜 작곡가들이 곡을 쓰는가?

왜 운동선수들이 경기를 하는가?

왜 정치인들이 선거에 출마하는가?

왜 기업가들이 사업을 하는가?

왜 의사들이 환자를 치료하는가?

왜 교사들이 학생을 가르치는가?

이 질문들에 대한 대답은 많지만 정답은 하나다. 즉, 내 영혼의 깊은 곳에 있는 무언가를 표현하기 위해 그런 일들을 한다는 것이다. 그 무언가가 바로 '영혼의 지문'(soulprint)이다. 우리는 본래 우리가 하도록 계획된 일과 궁극적으로 하도록 정해진 일을 할 때 성취감을 맛본다. 노래, 시합 성적, 입법행위, 회사 경영, 수술, 교수법 등은 손으로 하는 일 그 이상이다. 영혼을 표현하는 일, 곧 영혼의 지문을 찍는 것이다. 내 영혼의 지문을 표현하지 못하면 가장 크게 후회할 것이다. 우리는 하나님께서 원래 계획하신 그 사람이 될 수 있고 당연히 그렇게 되어야만 한다. 그렇지 않으면 비참해질 수밖에 없다. 내 영혼의 지문을 표현하는 것이 나 자신에게 진실한 유일한 길이며, 하나님께 진실하기 위한 유일한 길이다.

덴마크의 철학자 키에르케고르(Søren Kierkegaard)는 다음과 같이 경고했다.

"가장 심각한 형태의 절망은 자기 아닌 또 다른 누군가가 되기로 선택하는 것이다."

마지막 날에 하나님께서 이렇게 묻지는 않으실 것이다.

"너는 왜 빌리 그레이엄 목사나 테레사 수녀처럼 되지 못했니?"

"너는 왜 다윗처럼 되지 못했니?"

그 대신 이렇게 물으실 것이다.

"너는 왜 네 자신이 되지 못했니?"

우리의 진짜 정체성이 지금까지 저지른 실수, 지금까지 경험한 위험, 지금까지 믿은 거짓말 아래 묻히는 일들이 너무나 자주 일어난다. 그러나 자기발견의 여정을 잘 감당할 때 우리는 우리의 진짜 정체성과 우리를 향한 하나님의 계획, 즉 영혼의 지문을 찾아 돌아가게 될 것이다. 자기발견의 여정을 통해 자신을 하나님의 걸작으로 여기기 시작하며 하나님의 형상을 지닌 자기 자신을 보게 된다. 그리고 역설적으로, 자신을 그리스도의 형상에 일치하는 사람으로 여기면 자신을 특별하게 여기게 된다. 당신과 같은 사람, 나와 같은 사람은 아무도 없다. 따라서 자신에게, 하나님께 진실하면 후회 없이 마침내 성취감을 맛보게 될 것이다.

하나님은 당신이 이 땅에서 무엇을 이루게 하시려고 당신을 창조하셨을까? 당신을 향한 하나님의 계획을 이루는 과정에서 당신은 지금 어디쯤 와 있는가?

SCENE 1

거룩한 확신

하나님께서 나를 준비시키고 계신다

다윗은 막내라 장성한 세 사람은 사울을 따랐고 다윗은 사울에게로 왕래하며 베들레헴에서 그의 아버지의 양을 칠 때에 _삼상 17:14,15

심리학자 알프레드 아들러(Alfred Adler)는 '보상'(compensation) 이론을 제시했다. 그는 어떤 요인을 약점으로 인식할 경우, 그것을 인식하지 못했을 때는 미처 발견하지 못했을 태도와 능력을 발전시키게 된다는 점에서 약점이 종종 강점으로 드러난다고 믿었다. 그는 또 우리에게 가장 큰 재능이 드러날 때는 바로 그런 약점을 보완할 때라고 생각했다. 실제로 아들러가 연구한 미대생의 70퍼센트가 시각적으로 비정상이었다고 한다. 아들러는 역사상 가장 위대한 작곡가들, 그중에서도 모차르트와 베토벤의 청각에 퇴행이 있었다는 점에 주목했다. 그러면서 다양한 직업을 가진 사람들 중에서 약점을 지렛대 삼아 새로운 강점을 발견한 이들의 사례를 매우 다양하게 인용하며 선천적 장애, 신체 질환, 가난과 같이 우리가 알고 있는 약점이 성공의 발판이 될 수도 있다고 했다. 그는 사람들이 약점을 인식하는데도 불구하고 성공하는 것이 아니라, 약점을 인식한 덕분에 성공한다고 결론지었다.

이후 이루어진 연구들이 아들러의 이론에 신뢰성을 더해주었다. 일례로 중소기업 사장들을 대상으로 실시한 연구에서 대상자의 35퍼센트가 자신이 난독증이라는 사실을 알고 있었다.[2] 우리는 난독증이 학습에 불리한 조건이 된다는 것을 잘 안다. 그렇기 때문에 자녀가 난독증 환자가 되기를 바라지 않는다. 그런데 그 35퍼센트의 기업가들은 난독증을 가졌기 때문에 여러 다른 기술들을 더 발전시켜 나갔다. 그중에 몇몇은 글을 읽기가 너무 어려웠기 때문에 서면이 아닌 구두로 하는 의사소통에 더욱 능숙해지도록 노력했고, 몇몇은 뛰어난 사회성을 더 발전시켰다. 무엇보다 그들이 글을 쉽게 읽었다면 드러나지 않았을지도 모르는 근면성도 기르게 되었다.

어쩌면 가장 큰 장점이라고 여긴 것들이 가장 큰 장점이 아닐지도 모른다. 가장 큰 약점 안에 가장 큰 장점이 숨겨 있을지도 모른다. 물론 약점을 지렛대로 삼는 법을 배운다면 말이다. 신중하고 때로는 고통스러운 자기점검을 통해서 약점을 분별하는 것, 이것이 바로 영혼의 지문을 발견하기 위한 열쇠이다. 지금까지 살아온 날들 속에 나를 향한 하나님의 계획이 숨겨져 있다. 그런데 그것은 우리가 발견하게 되리라고 기대하지 않은 곳에 숨겨져 있다. 물론 하나님의 계획이 우리의 타고난 재능과 능력 안에서만 드러나는 것은 아니다. 우리가 극복해야 했던 약점을 보완하는 기술 안에서도 드러난다.

처음 사역을 시작했을 때, 나는 내가 원고를 보면서 설교해야 한다는 사실에 좌절했다. 대략 윤곽만 잡아놓거나 간단하게 적은 메모만 가지고 설교하는 능력이 있는 친구들이 있는데, 나는 그들처럼 즉흥적으로 설교하지 못했다. 그래서 나는 그들보다 더 오래 성경을 연구하고 더 많은 책을 읽어야 했다. 그런 다음 단어 하나하나까지 살피며 주일 새벽 3시까지 꼬박 설교 원고를 작성했다. 그 주간에만 이미 20시간 이상 말씀 준비에 시간을 쏟은 뒤에 말이다.

나는 즉흥적으로 설교하지 못하는 무능함이 나의 약점이라고 생각했다. 그러나 약점이라고 생각했던 것이 글쓰기에 장점이 되었다. 그 설교 원고들이 약간의 각색과 교정을 거친 뒤에 책으로 출판되었기 때문이다. 만일 내가 즉흥적으로 설교하지 못하는 무능함을 약점으로 인식하지 않았다면, 글쓰기라는 재능을 발전시키지 못했을 것이다. 이제 내게 글쓰기는 약점을 보완하는 하나의 기술이 되었다.

최근 들어서 자신의 약점이라고 인식한 것들에 대해 하나님을 찬양한 때가 언제였는가? 혹은 인생의 도전 앞에서 하나님께 감사드린 적이 언제였는가? 우리에게 우리의 약점이나 인생의 도전이 없다면, 우리는 하나님께서 우리를 영적으로, 인간관계적으로, 직업적인 면에서 이 세상에 보내서서 쓰시기에 필요한 보완 기술들을 발견하거나 발전시키지 못했을 것이다.

우리의 강함은 약함 안에 숨겨져 있다. 그것이 우리의 강점이다. 목동에서 왕이 되었던 다윗보다 그 사실을 더 잘 보여주는 예는 없다. 불리한 점이라고 여긴 그가 가진 약점의 직접적인 결과가 그의 가장 큰 장점이었다. 만일 그 약점이 없었다면 그는 절대 그를 향한 하나님의 계획, 하나님이 주신 그의 사명을 이루지 못했을 것이다.

✛ 회상 장면

상황은 이랬다.

시계가 째깍째깍, 다윗의 가슴이 두근거렸다. 과거의 기억들이 홍수처럼 갑작스럽게 의식 속으로 밀려들어왔다. 이제 겨우 십대인 그의 눈앞에 짧은 인생의 몇몇 장면들이 스쳐지나갔다. 사람이 죽음을 정면으로 응시했을 때 일어나는 일이었다. 다윗에게 그 죽음은 바로 2미터 70센티미터나 되는 거인 골리앗이었다.

다윗은 곤경에 빠진 자신을 도와줄 수 있는 그 무언가를 찾기 위해 과거의 경험을 더듬어갔다. 그때 그 일들이 일어났다. 무언가가 그의 기억의 방아쇠를 당긴 것이다. 해가 움직였거나 잔가지가 부러지는 소리이거나 산들바람일 수 있지만, 원인이 무엇이든지 간에 그는 회상에 잠겼다. 순간 포효하는 사자 한 마리가 그의 마음에 떠올랐다. 베들레헴 변두리에서 아버지의 양들을 치던 날이었다. 사자는 무척 사나워 보인다. 다윗이 물매에 돌을 맨다. 아드레날린이 맹렬한 기세로 혈관을 타고 흐른다. 긴장된 마음을 가라앉히고 떨리는 손을 진정시키면서 사자의 이마를 정확히 겨눈다. 돌이 날아가 과녁에 정확히 명중한다. 다윗이 맨손으로 사자의 숨통을 끊어놓기 충분할 만큼 사자는 오랜 시간 기절한다.

그 기억이 떠올랐을 때 그에게 두려움은 사라지고 확신만이 남는다. 그것은 깨달음 그 이상이다. 계시(revelation)이다. 자신감 그 이상이다. 거룩한 확신(holy confidence)이다. 다윗을 내려다보고 있는 할례 받지 않은 그 블레셋 사람은 그동안 다윗이 양을 치며 물리쳤던 들짐승과 별다르지 않았다. 다윗은 과거의 경험과 현재의 상황 사이에 점들을 서로 연결했다. 그러자 그의 영혼은 사명감으로 부풀어 올랐다.

> 다윗이 사울에게 말하되 주의 종이 아버지의 양을 지킬 때에
> 사자나 곰이 와서 양 떼에서 새끼를 물어가면
> 내가 따라가서 그것을 치고 그 입에서 새끼를 건져내었고

그것이 일어나 나를 해하고자 하면

내가 그 수염을 잡고 그것을 쳐죽였나이다

주의 종이 사자와 곰도 쳤은즉

살아 계시는 하나님의 군대를 모욕한

이 할례 받지 않은 블레셋 사람이리이까

그가 그 짐승의 하나와 같이 되리이다

또 다윗이 이르되 여호와께서 나를

사자의 발톱과 곰의 발톱에서 건져내셨은즉

나를 이 블레셋 사람의 손에서도 건져내시리이다

삼상 17:34-37

과거의 모든 경험은 미래의 어떤 기회를 위한 준비이다. 하나님께서는 단지 우리 영혼만 구속하시는 것이 아니다. 우리의 경험을 헛되지 않게 하신다. 좋은 경험만 그런 것이 아니다. 특히 우리의 나쁜 경험을 헛되지 않게 하신다. 어떻게? 나쁜 경험을 통해 성품을 키우시고, 재능을 발전시키시고, 다른 어떤 방법으로도 배우지 못하는 교훈을 가르치신다.

교실에서 배우는 간접적인 지식을 통해 인생의 가장 중요한 교훈을 얻는 경우는 거의 없다. 간접적인 지식을 의지하면 내 인생이 아닌 다른 사람의 인생을 간접적으로 살게 된다. 나의 이야기에서 주인공이 아닌 엑스트라 역할을 하고, 다른 사람들의 기대를 대본으로 삼는다. 스스로 직접 경험하는 대신에 다른 사람들의 경험에 의지하여 살아간다. 가장 중요한 교훈은 인생 교실에서 배우는 직접적인 경험을 통해서만 얻을 수 있다. 물론 어려운 시험을 치러야 한다. 하지만 이보다 더 효율적인 교육 과정은 없다. 그 시험을 통과하는 길은 성품을 키우고 재능을 발전시키거나 그 경험을 통해 하나님이 가르치시려는 교훈을 배우는 것이다. 내가 인생길을 걸으며 많은 도전에 직면했을 때 그것을 잘 견디게 해준 방법이 있다. 그 도전 하나하나를 학습의 기회로 여기는 것이다. 하나님께서 내게 가르치려고 하시는 교훈을 배운다면 인생이 어떻게 전개되든지 실패가 아니다. 그런 사람은 실패할 수가 없다.

다윗의 양들을 공격하는 들짐승들 하나하나가 다윗에게는 하나님의 쪽지시험이었다. 그 들짐승들이 다윗의 성품과 기술을 테스트했다. 다윗은 자신의 안전을 위해 양들을 희생시킬 수도 있었다. 하지만 그는 목숨을 걸고 양들을 지켜냄으로써 시험을 통과했다. 그 사실이 왜 그렇게 중요할까? 다윗이 하나님의 양들을 치도록, 즉 이스라엘 백성들을 보살피도록 하나님께서 그를 준비시키고 계셨기 때문이다. 또한 하나님께서는 다윗의 사명과 이스라엘의 역사를 변화시킬 수 있도록 그의 약점을 보완해주는 기술을 길러주고 계셨다.

이론상으로 다윗은 명백한 약점을 지니고 있었다. 다윗은 군대에서 훈련받은 적이 없었다. 만일 누군가 골리앗과 맞서 싸워야 한다면 그것은 훈련받은 전사일 것이다. 그런 점에서 보면 다윗보다는 다윗의 형들이 더 적격이다. 심지어 다윗은 칼을 휘두르거나 창을 던지는 법조차 몰랐다. 지금까지 해온 일이라고는 양을 돌보는 일밖에 없었다. 그러나 이런 다윗의 약점이 골리앗을 무찌르는 데 필요한 강점이 되었다.

이스라엘 병사들은 블레셋 병사들과 똑같은 방식으로 훈련받았다. 그렇기 때문에 이스라엘의 그 어떤 병사도 골리앗과 직접 맞붙어 싸워서 골리앗을 무찌를 수는 없었다. 골리앗의 힘이나 전투 기술을 볼 때 다윗은 그의 상대가 될 수 없었다. 아무도 거인과 같은 조건으로 골리앗과 싸울 수 없었다. 그렇다면 교전하는 방식을 바꿔야만 한다. 최선의 방법이 물매를 들고 20보 거리에 떨어져서 서는 것이었다. 그것은 양을 치는 목동의 숙달된 기술이다. 다윗은 전혀 준비되지 않은 것처럼 보였다. 그러나 사실 완벽하게 준비되어 있었다. 마치 잘못된 시간에 잘못된 자리에 있는 것 같아 보였지만, 사실 완벽한 위치에 자리를 잡고 있었다.

사이드라인에 있을 때

고등학교 시절, 나는 개성이 강한 코치 밑에서 농구를 했다. 2학년 때는 후보 선수였지만 주전 선수만큼이나 많은 시간을 경기장을 누볐다. 왜냐하면 주전 선수들이 실책을 저지르면 코치가 바로 빼버린다는 사실을 재빨리 알아차렸기 때문이다. 우리 팀 코치는 어떤 주전 선수가 실책을 범하면 자기 바로 옆에 앉아 있는 사람이 누구이든지 간에 그 선수의 팔을 붙잡고 스코어 테이블에 있는 기록원 앞으로 보내어 가능한 한 신속하게 선수를 교체하곤 했다. 따라서 벤치 끝에 앉아 있으면 안 된다. 그러면 코치의 시선에서도 마음에서도 멀어지고 만다. 그래서 나는 작전타임에 선수 모두 벤치에서 일어나 모였다가 다시 자리에 앉을 때 코치 바로 옆자리를 차지하기 위해 늘 노력했다. 마치 농구장에서 의자놀이(사람 수보다 하나 적은 의자 주위를 빙빙 돌다가 호루라기 소리가 나면 의자를 차지하여 앉는 놀이)라도 하는 것 같았다. 그러나 그 전략적인 자리 잡기 덕분에 나는 2학년 한 해 동안 많은 경기를 뛸 수 있었다.

운동선수라면 다 같은 마음이겠지만, 나는 사이드라인에 앉는 것이 너무 싫었다. 시합에 나가고 싶었다. 우리 팀에 기여하고 싶었다. 우리 팀이 이기도록 돕고 싶었다. 그러나 경기장에서 뛰지 못하면 그럴 수 없었다. 승부 근성이 강한 사람이라면 벤치에 쭈그리고 앉아 있는 것을 참을 수 없을 것이다. 다윗 역시 전쟁터에 나가는 형들을 보며 그렇게 느끼지 않았을까? 다윗은 형들과 함께 전장(戰場)에 나가고 싶었다. 그도 최전선에서 싸우고 싶었지만 사이드라인에 앉아 있어야 했다. 양들을 치며 들판에 꼼짝없이 갇혀 있었다. 그러나 이 장면에서 우리는 무언가를 배울 수 있다. 그것은 바로 다윗이 엘라 골짜기에서 골리앗과 싸워 이긴 것이 아니라, 베들레헴 변두리 들판에서 이미 이겼다는 점이다.

다윗은 분명 사람들이 자기를 쫓아냈다고 느꼈을 것이다. 전투에 나갈 병사를 선발하면서 자신을 그냥 지나쳐갈 때 그는 매우 낙담했을 것이다. 그러나 그 당시 다윗은 하나님이 자신을 전투에 내보내기 위해 준비시키고 계셨다는 사실을 깨닫지 못했다. 그것이 바로 하나님께서 우리의 삶에서 일하시는 방식이다. 지금 하나님께서는 당신의 사명의 날을 위해 당신을 준비시키고 계신다. 분명히 말하겠다. 하나님은 당신이 느끼지 못할 방식으로 당신을 준비시키신다. 당신이 인생에서 가장 큰 도전에 직면할 때, 하나님께서는 비로소 당신을 언제, 어디서, 어떻게 준비시키셨는지 계시하실 것이다. 그리고 그때 당신은 전쟁터에서 이기는 것이 아니라는 사실을 깨달을 것이다. 우리는 전장에 나가기 전에 이미 이기거나 진다.

우리는 최전선에 나갈 때도 있지만 경기장 사이드라인에 있을 때도 있다. 집중적인 조명을 받을 때도 있지만 그늘에 있을 때도 있다. 모세가 이스라엘의 양 떼를 이끌기 전에 그는 광야에서 40년이나 양을 쳤다. 제자들이 사람을 낚는 어부가 되기 전에 그들은 물고기를 낚는 어부로 살았다. 심지어 예수님도 우리를 걸작으로 만드시기 전에 목수의 일을 하셨다. 하나님께서는 우리에게 어떤 임무를 맡기시든지 우리에게 준비되는 시간을 허락하신다. 우리가 그 시간을 기꺼이 받아들이지 않는다면 하나님도 약속을 이행하지 않으실 것이다. 왜? 하나님은 우리가 실패하도록 내버려두지 않으시기 때문이다.

나는 교단 회의에 100번 참석하고 난 뒤 비로소 교단 회의에서 설교를 했다. 수천 권의 책을 읽고 나서 한 권의 책을 썼다. 나는 경기장 사이드라인에 있었던 그 시기를 다른 어떤 것과도 바꾸고 싶지 않다. 물론 설교, 찬양 인도, 주보 복사, 부부 상담, 전화 받기, 비디오 편집, 봉사활동 조직하기 등을 혼자 도맡아서 했던 그때로 돌아가고 싶지는 않다. 그러나 그 시절을 다른 무엇과 바꾸고 싶지는 않다. 우리가 최전선으로 나갈 수 있도록 준비되는 것은 경기장 사이드라인에서 보내는 시간들이다. 프로 팀에 1순위로 지명 선발된 뛰어난 대학 선수라고 해도 그는 한동안 사이드라인에서 대학과 프로 경기의 차이를 배우는 시간을 보내야 한다. 이렇게 시합에서 뛸 준비를 하는 선수들은 사이드라인에서 지내는 시간을 헛되이 보내지 않는다.

자신을 향한 하나님의 계획을 이루기 위한 한 가지 열쇠가 있다. 자신이 현재 어떤 시기를 지나고 있는 중인지 깨닫는 것이다. 만일 그렇지 않다면 엄청난 좌절과 실망을 경험하게 될 것이다. 예를 들면, 이끄는 법보다 따르는 법을 배우는 태도가 더 중요한 시기가 있다. 실패를 통해 배우는 것이 성공을 누리는 것보다 훨씬 더 큰 가치를 지니는 그런 시기가 있다. 나는 개척교회를 시작한 사역자들을 만날 때마다 처음 5년은 중요하지 않다고 말한다. 하나님께서 먼저 지도자를 성장시키셔야 그 지도자가 무엇을 하든지 그 분야를 성장시키실 수 있기 때문이다. 교회 성장에 대해서 걱정하지 말라. 당신 자신이 개인적으로 성장한다면 교회는 저절로 성장하게 될 것이다.

우리가 인생을 살아가면서 범할 수 있는 심각한 실수가 있다. 그중에 하나가 현재를 누리기보다 다음 시기에 모든 에너지를 집중시키는 것이다. 현재 내가 목회하고 있는 교회의 교인들에게서 그런 현상이 뚜렷하게 나타난다. 우리 교회는 교인의 70퍼센트가 20, 30대 독신자들이다. 그들은 대부분 데이트를 하고 싶어 한다. 그렇지만 데이트를 하는 대신 마냥 기다린다. 데이트라는 최전선에 나가고 싶어 하면서도 사이드라인에 딱 붙어 지낸다.

나는 그들에게 끊임없이 충고한다.

"배우자로 알맞은 사람을 찾는 데 집중하지 말라. 그런 사람이 되는 데 집중하라. 이상적인 배우자를 찾는 것이 아니라 이상적인 배우자가 되어야 한다."

하나님의 원대한 계획 속에서 우리는 알맞은 환경을 기다리고 찾기보다 거기에 합당한 사람이 되어야 한다. 때로 우리는 최악의 상황에서 최선을 다할 수 있다. 실제로 우리가 나쁜 환경이라고 여기는 것도 우리 안에 옳고 의로운 무언가를 만들어낼 수 있다.

✛ 거룩한 지연

나에게는 두 가지 소명이 있다. 바로 목회와 글쓰기이다. 그러나 그 소명에 도달하는 경로는 각각 달랐다. 목회자의 길은 곧은 반면, 작가의 길은 막다른 길의 연속이었다. 나는 책을 내기 위해 여러 번 시도했다. 그리고 여섯 번의 시도 끝에 비로소 첫 번째 책을 출간할 수 있었다. 신학대학원 시절에 작가의 소명을 받았지만 실제로 저자가 되기까지 13년이나 걸렸다. 그때의 좌절감은 말로 다 표현하지 못할 정도다. 해가 지날수록 좌절감은 더 심해졌다. 내 생일을 축하받기도 싫었다. 소명을 이루지 못한 채 또 한 해를 흘려보냈다는 사실을 상기시키기 때문이다. 당시 나는 극심한 좌절을 맛보았기 때문에 작가로서의 소망과 꿈을 없애달라고 하나님께 간청하기도 했다. 그러나 하나님은 그렇게 하지 않으셨다.

이런 상황을 경험해보았는가? 아무리 빠른 속도로 꿈을 좇아도, 멀리까지 꿈을 따라가도 그 꿈은 여전히 저 멀리 신기루처럼 보인다. 자신이 무엇을 이루어야 하는지 알아도, 아무 성과 없이 흘려보낸 시간들 때문에 훗날 이때를 떠올리면 자신을 비난하게 된다. 작가의 꿈을 포기하기 직전, 나는 마지막으로 한 번 더 시도해보기로 결심했다. 서른다섯 번째 생일을 최종기한으로 정하고 40일 금식을 했다. 마침내 나는 생일을 며칠 앞두고 자비 출판으로 첫 번째 책을 출간했다. 첫 책을 인쇄하고 나서 안도감이 들었다. 사실 기쁘지 않았다. 오랜 세월 느껴온 좌절감을 어느 정도 덜어냈을 뿐이었다.

그렇게 첫 번째 책을 출간하고 많은 시간이 흐른 지금, 지연된 꿈(delayed dream)에 대한 나의 생각은 많이 달라졌다. 그 꿈을 이루기까지 오랜 시간이 걸린 데 대하여 하나님께 정말 감사드린다. 만일 내가 서른다섯 살이 아니라 스물다섯 살에 첫 책을 냈다면 어땠을까? 아마 이론만 가득하고 알맹이는 없는 책이 되었을 것이다. 직접적인 경험보다는 간접적인 지식을 토대로 책을 썼을 것이고, 풍부한 경험을 뒷받침해줄 만한 신뢰 또한 부족했을 것이다.

우리는 기다리기를 싫어한다. 꿈이 곧바로 실현되기를 바란다. 그러나 나는 내가 '거룩한 지연'(divine delays)이라고 부르는 것의 진가를 알게 되었다. 하나님께서는 우리가 하나님이 원하시는 곳에 가기 원하신다. 우리도 하나님께서 원하시는 곳에 가기를 원한다. 그러나 하나님께서는 우리가 원하는 것보다 더 많은 것을 원하신다. 그러니까 심호흡을 하고 그 여정을 즐겨라. 그곳에 갈 준비가 되면 하나님께서 그곳에 이르게 하실 것이다.

지금 좌절 앞에 굴하지 말고 꿋꿋하게 버텨라. 지금의 좌절이 앞으로 열릴 축하 파티의 이유가 될 것이다. 포기하지 말라! 하나님은 지금 우리의 인내를 길러주고 계신다. 인내를 만들어내는 열쇠가 있다. 하나님께서 우리에게 거룩한 확신을 심어주심으로 다시 일으켜 세우시도록, 우리 자신에 대한 철저한 실망을 경험하는 것이다. 나 역시 스트레스를 받을 때마다 하나님께서 나를 더 크게 쓰시려고 감당할 만한 능력을 길러주신다는 점을 떠올린다.

최근 몇 개월간 나는 두 가지 실망스러운 일을 겪었다. 하나는 교회를 위한 부지 매입에 관련된 것이다. 내가 '약속의 땅'이라고 생각한 곳이 있었다. 그래서 나는 수개월간 그곳에 서서 기도했고, 그곳을 돌며 기도했고, 그곳을 내려다보며 기도했다. 나는 정말 그 땅이 내셔널커뮤니티교회(National Community Church, 저자가 담임목회자로 섬기는 교회)의 소유가 되리라고 생각했다. 실제로 계약까지 한 상태였기 때문이다. 필요한 세 가지 서류 중 두 군데에 사인까지 했고, 그 땅과 관계된 세 번째 사람의 사인만 받으면 되었다. 그러나 결국 그 사람의 사인은 받지 못한 채 그 땅을 부동산 개발업자에게 빼앗기고 말았다. 나는 그 사업에 너무 많은 에너지를 쏟아서 병에 걸릴 것 같았다. 꿈이 죽은 것처럼 여겨졌다. 그러나 우리가 죽음이라고 여겨지는 상황이 실제로는 '거룩한 지연'일 수 있다.

우리는 믿음의 중심, 즉 십자가 죽음이 없으면 부활도 없다는 사실을 너무 빨리 망각해버린다. 죽음과 부활 사이의 날들은 길고 어둡다. 이적이 일어나기 직전이 종종 그렇다. 죽어버린 꿈이 언제, 어디서, 어떻게 부활할지 절대 모를 일이다. 그러나 그것이 하나님께서 정해놓으신 꿈이라면 언젠가, 어디서든, 어떻게 해서든지 다시 살아날 것이다.

또 다른 사건은 인생의 목표와 관련되어 있다. 최근에 나는 알카트라즈 수영대회에 참가하기 위해 딸 서머와 함께 샌프란시스코로 갔다. 우리는 몇 개월간 훈련했고, 국토를 횡단하여 날아갔고, 차가운 바다에서 수영하기 위한 장비와 숙소에 이르기까지 꽤 많은 돈을 썼다. 경기 당일 아침, 우리는 선수 등록을 하고 아쿠아틱 파크에서 33번 부두까지 행진한 다음 알카트라즈 섬으로 향하는 여객선에 올랐다. 상어가 출몰하는 차가운 바다를 헤엄치기 위해 준비운동을 할 때는 온몸에 아드레날린이 솟구쳐 올랐다. 나는 바다에서 수영할 생각에 푹 빠져 있었다. 상어가 있는 바다에서 2.5킬로미터를 헤엄치겠다는 목표는 지금까지 해본 모험 중에서도 대단히 도전적이고 위험한 시도였다. 그러나 이것이 딸과 경험을 공유하는 놀라운 기회가 되리라는 것을 알았고, 아직 어리긴 해도 딸아이에게 스스로 생각했던 것보다 훨씬 더 잘할 수 있다는 것을 느끼게 해주고 싶었다.

그런데 바다로 뛰어들 준비를 하고 있을 때 안내 방송이 흘러나왔다. 안개 때문에 경기가 취소되었다는 소식이었다. 솔직히 농담인 줄 알았다. 고약한 장난이라고 생각했다. 샌프란시스코에는 늘 안개가 끼니까! 나는 안개 때문에 경기가 취소될 가능성이 있다는 사실을 전혀 몰랐다. 그리고 그것이 농담이 아니라는 것을 알았을 때 망연자실했다. 물론 우리가 참가하려고 한 바다수영이 영적으로 중요한 우선순위를 차지하는 것은 아니다. 그러나 그것은 내게 엄청나게 실망스러운 사건이었다.

그때의 실망감을 나는 여전히 극복하는 중이다. 그러나 목표를 포기하지는 않았다. 나는 그때 일어난 일을 통제하지 못한다. 그러나 그 사건에 대한 반응은 통제할 수 있다. 그 목표는 죽지 않았다. 지연되었을 뿐이다. 나는 지연된 그 목표를 생각하며 패배주의에 빠지는 대신 결의를 다졌다. 그렇게 해서 마침내 그 목표를 이루게 된다면 훨씬 더 달콤할 것이다.

전쟁터로 나가는 형들을 지켜보던 다윗이 그랬던 것처럼, 어쩌면 당신은 남들이 당신을 무시하고 제대로 평가하지 않는다고 느낄지도 모른다. 당신만 빼고 다른 모든 사람들이 승진하고, 장학금을 타고, 여자친구(혹은 남자친구)가 있는 것처럼 보일지도 모른다. 그러나 당신의 날이 올 것이다. 따라서 그날을 기다리는 동안 쉬운 지름길로 가며 하나님의 계획과 뜻을 방해하지 말라.

하나님께서는 당신을 준비시키고 계신다. 당신에게 거룩한 임무를 맡기신다. 더 큰 기회를 주시는 데는 그만큼 시간이 오래 걸리는 법이다. 우리가 좌절하는 이유는 오래 생각하지 않고 큰 것만 생각하기 때문이다. 그것이 실망의 원인이다. 당신 인생의 연대표를 다시 평가해보라. 그리고 무언가를 이루는 데 예상보다 더 오래 걸릴 때 용기를 내라. 그것은 하나님께서 당신이 구하거나 상상하는 모든 것 그 이상의 놀라운 일을 하기 원하신다는 뜻이다.

✚ 약점을 보완하기 위한 기술

미켈란젤로의 다비드상은 머리부터 발끝까지 4미터 40센티에 달하는 위풍당당한 모습이다. 그렇다면 다윗의 실물은 어땠을까? 아마 실제로 그를 만났다면 많은 사람들이 다윗을 내려다보았을지도 모르겠다. 다윗은 아홉 형제 중 막내였다. 성경에서도 다윗이 키가 가장 작았음을 암시한다. '막내'(the youngest)란 히브리어로 "나이"만 뜻하지 않는다. 신체적인 면도 나타낸다. 이 단어의 의미로 보면 다윗은 형제들 중에서 가장 약했다. 결코 전사처럼 보이지 않았다. 그래서 사울은 다윗이 골리앗에 맞서 싸울 수 없는 소년이라고 말했고, 골리앗 역시 싸우러 나온 다윗을 조롱했다.

그러나 목동 다윗에게는 병사들이 갖고 있지 않은 기술이 있었다. 병사들은 군대에서 훈련을 받은 반면, 다윗은 고대의 비정규 전투에서 훈련을 받았다. 다윗의 훈련장은 양들이 풀을 뜯는 들판과 언덕이었고, 실전 훈련 대상은 양들을 공격하는 들짐승들이었다. 또 자신의 약점을 보완하기 위한 기술로 물매를 사용했다. 당시 다윗은 하나님께서 그를 세상에 보내어 모든 이목을 끌도록 하기 위해 목동의 기술을 사용하실 거라는 사실을 전혀 알지 못했다. 그런데 물맷돌로 거인 골리앗을 쓰러뜨렸다는 다윗의 이야기를 하도 많이 들어서 그런지 우리는 그 사건을 당연하게 여기곤 한다. 그러나 다윗은 가장 성공하지 못할 기술을 지닌, 가장 영웅이 될 가능성이 없는 인물이었다. 만약 다윗이 물매 전문 사수가 아니었다면 절대로 골리앗을 이기지 못했을 것이다. 왕도 되지 못했을 것이다. 그러면 메시아를 포함하는 다윗 왕족의 혈통을 남기지 못했을 것이다.

하나님께서는 다윗의 위치를 전략적으로 정해주시기 위해 그의 물매 기술을 사용하셨다. 그러나 그 기술만 사용하신 것은 아니다. 다윗은 어렸을 때 음악 수업을 받으며 틀림없이 불평했을 것이다. 나도 그랬다. 나는 어릴 때 더블베이스를 배웠지만 악기가 너무

커서 포기하고 말았다. 하프는 어떤가? 결코 쉽지 않았을 것이다. 그러나 하프를 배운 다윗은 주목할 만한 성과를 냈다. 다윗이 처음부터 왕궁을 출입할 수 있었던 것도 하프를 연주하는 실력 덕분이었다(삼상 16:16-21 참조). 다윗이 하프를 연주할 때 사울의 마음은 안정되었다. 그렇게 왕궁을 출입하면서 사울의 아들 요나단을 만났고 궁중 관습을 익힐 수 있었다. 하프를 연주할 수 없었다면 다윗은 왕궁 문에 발을 들이지도 못했을 것이다.

하나님께서 하나님의 목적을 이루시기 위해 우리에게 있는 어떤 기술을 사용하실지 우리는 절대 알지 못한다. 따라서 가장 서툰 기술이라도 과소평가하지 말라. 하나님께서 들어 쓰시도록 단순하게 믿고 따르라. 그때 하나님은 자신의 목적을 이루시기 위해 우리의 모든 것들을 사용하실 것이다. 하나님께서는 노아의 배 만드는 기술, 요셉의 꿈을 해석하는 능력, 에스더의 빼어난 용모, 동방박사들의 천문학 지식을 사용하셨다. 하나님의 원대한 계획 안에서 헛되거나 쓸모없는 기술은 하나도 없다.

다윗은 처음 물매 기술로 잠깐 유명세를 탔다. 그러나 그에게는 약점을 보완하는 또 다른 기술이 있었다. 어쩌면 그것이 다윗이 지닌 가장 위대한 기술일지도 모른다. 그것은 3천 년이 넘는 세월 동안 사람들에게 점점 더 강력한 영향을 미쳤다. 다윗은 단순한 하프 연주자가 아니었다. 작곡가였다! 그리고 그의 노래들이 담긴 시편은 지금도 동서고금을 통틀어 가장 인기 있는 책으로 손꼽힌다.

하지만 여기서 알아야 할 점이 있다. 바로 시편 중에 가장 위대한 작품이 그의 인생 최악의 상황에서 나왔다는 사실이다. 다시 말하면, 우리에게 가장 큰 위로가 되는 시편이 그가 가장 고통스럽고 슬픈 상황에서 기록되었다는 것이다. 당시 다윗은 사망의 음침한 골짜기를 지나가고 있었다. 밧세바와의 간통 사건으로 괴로워하고 있었고, 도망자 신세로 아둘람 동굴에서 숨어 지내는 중이었다. 다윗이 그런 환경을 원한 것이 아니다. 그러나 그런 가운데 심오한 시편 23편, 51편, 142편이 나왔다.

어쩌면 당신도 지금의 상황을 원하지 않을지도 모른다. 우울한 느낌과 씨름하거나, 용서받을 수 없을 것 같은 실수 때문에 휘청거리거나, 지루한 삶 때문에 지겨워하고 피곤해할지도 모른다. 그러나 내가 감히 당신에게 한마디 하면, 하나님은 지금 당신의 성품을 키우고 계신다. 내가 그 사실을 어떻게 알겠는가? 바로 당신이 하나님의 걸작이기 때문이다!

하나님께서는 지금 당신을 조각하고 계신다. 당신의 모습이 아직 완성되지 않은 작품처럼 아름답게 보이지 않을 수도 있다. 그러나 우리가 하나님을 저버리지 않는 한, 하나님께서는 당신 자신이 시작하신 일을 반드시 끝마치신다. 따라서 현재 환경이 마음에 들지 않더라도 그것이 당신의 성품을 길러주는 중요한 수단이 될 수 있다는 사실을 명심하기 바란다. 성품의 발달이 미래를 여는 열쇠이다.

나는 액션 영화를 좋아한다. 아슬아슬한 연기, 몇 가지 특수 효과, 팝콘 한 봉지, 여분의 버터만 있어도 만족하면서 영화를 즐길 수 있다. 그러나 한 가지 인정해야 할 사실이 있다. 액션 장면이 많이 나온다고 해서 좋은 영화는 아니라는 것이다. 가장 훌륭한 배우가 나오는 영화가 가장 좋은 영화다. 그런 등장인물의 핵심은 성품에 있다. 주인공이 장애를 극복하거나 두려움에 맞서거나 불의와 싸우는 영화가 좋지 않은가?

우리는 극적으로 역경을 극복하는 주인공을 좋아한다. 물론 우리는 그들처럼 살고 싶어 하지는 않는다. 그저 화면으로 그들을 보기 원한다. 그러나 우리는 깨달아야 한다. 하나님께서는 우리의 환경 문제를 해결해주시기보다 우리의 성품을 발달시키기 원하신다는 것이다. 최악의 환경은 종종 가장 훌륭한 인물과 가장 감동적인 줄거리를 낳는다. 다윗의 경우가 분명히 그랬다. 그리고 그것은 당신에게도 마찬가지이다.

점들을 연결하라

　지나온 삶을 돌이켜보는 일은 점들을 연결하는 게임과 같다. 이때 연결 점들은 우리 삶의 결정적인 순간들이다. 여기에는 우리 영혼의 지문이 남을 만큼 큰 점도 있고, 잠재의식을 이루는 작은 점도 있다. 그리고 이 큰 점들과 작은 점들이 서로 모여 영혼의 지문의 윤곽이 드러난다.

　영국의 소설가 그레이엄 그린(Graham Greene)은 "어린 시절에는 언제나 문이 열리고 미래가 들어오는 순간이 언제나 한 번은 있다"고 말했다. 다윗에게는 들판에서 사자나 곰과 마주친 사건들이 그의 인생관을 형성하는 결정적인 순간이었다. 우리가 그것을 어떻게 알겠는가? 그런 사건들은 생사를 넘나드는 체험이며 그만큼 분명하게 우리 영혼의 지문을 찍는 일이기 때문이다. 우리는 그런 체험을 통해 가장 가치 있는 교훈을 얻는다.

　여기에서 다윗은 교훈을 얻었다.

여호와께서 나를

사자의 발톱과 곰의 발톱에서 건져내셨은즉

나를 이 블레셋 사람의 손에서도 건져내시리이다

삼상 17:37

우리가 볼 때 이것은 성경 한 구절에 불과하지만, 다윗에게는 결정적인 순간이었다. 그 결정적 순간으로 다윗은 거룩한 확신을 갖게 되었다. 다윗은 분명하게 사명을 의식하며 전투 현장으로 걸어 나갔다. 다윗 인생의 큰 점(a big dot)이었다.

고등학교 2학년 때 웅변 수업을 들은 적이 있었다. 그때에도 나는 생전 처음 연설할 기회를 놓치지 않았다. 내 인생 최초의 설교라고 할 수 있는 연설을 하기로 결심한 것이다. 아직도 내가 왜 그랬는지는 잘 모르겠다. 당시 나는 내 설교를 들은 어느 누구에게도 그 순간이 결정적인 순간이 되리라고 생각하지 않았다. 말하자면 그날 구원받은 사람은 단 한 명도 없었다. 훌륭하게 정리되거나 제대로 전달된 연설은 아니었다. 그러나 나에게는 그 연설을 했을 때가 결정적인 순간이었다. 그레이엄 그린의 말대로, 문이 열리고 미래가 내 안으로 들어오는 순간이었다. 어머니는 나에게 말 한마디 없이 그 연설문을 복사해서 할머니께 드렸다. 그리고 할머니는 그 복사본을 다시 할머니의 성경공부 리더에게 주었다.

그가 이렇게 물었다.

"마크가 사역에 대해 생각해본 적이 있나요?"

그 질문은 어머니를 거쳐 다시 내게 전달되었다. 내가 뭐라고 대답했을까? 그런 생각이 마음을 스쳐 지나간 적조차 없다. 적어도 어머니에게 그 질문을 받기 전까지는 그랬다! 그런데 어머니의 질문을 받은 그 순간, 웅변 수업에서 처음 한 그 연설이 내 인생에 점 하나를 찍었다. 내 영혼의 지문을 나타내는 점이었다.

인생관은 열 번의 결정적인 순간들에 의해 결정된다는 말이 있다. 그런 근거 없는 주장을 내가 어디에서 처음 접했는지는 정확히 잘 모르겠지만, 언젠가 읽은 적이 있다. 물론 인생관을 결정하는 결정적 순간들이 얼마나 되는지 정확히 세거나 체계적으로 정리할 수는 없을 것이다. 여섯 번이 될지도 모르고, 열한 번이나 열일곱 번의 결정적 순간들이 인생관을 결정할지도 모를 일이다. 그러나 몇 가지 소수의 특별한 경험이 우리를 만들어간다는 말은 일반적으로 맞다고 생각한다. 우리를 만들어가는 그런 경험들이 인생의 크고 작은 점들이다. 그 경험들은 우리의 내적 작용 체계를 구성하고, 총괄적으로는 인생을 바라보는 시각을 결정하는 기본 바탕이 된다. 당신이 영혼의 지문을 발견하려고 한다면, 그런 결정적인 순간들을 찾아내기 위해 기억을 파고들어야 한다.

인생의 크고 작은 점들을 연결할 때 여러 가지 단계, 장소, 사람들에 대해서 생각해보는 것이 유익하다. 당신이 기억하는 가장 어릴 적 기억이 무엇인가? 주로 어떤 사람들에게 영향을 받았는가? 초등학교, 중학교, 고등학교, 대학 시절을 특징짓는 좋고 나쁜 주요 사건들은 무엇인가? 그런 기억들을 곰곰이 생각하면서 의식적으로나 무의식적으로 어떤 교훈을 얻었는가? 그런 일들을 통해 하나님께서 당신의 어떤 특별한 성품을 키워주셨는가? 혹은 약점을 보완하기 위해 어떤 기술을 발전시키고 계셨는가? 그런 경험들이 당신에게 혹은 당신에 관하여 무엇을 드러내주었는가?

이렇게 개인적인 차원에서 작은 고고학 발굴 작업을 할 때, 당신은 별로 중요하게 보이지 않던 사건들이 독특한 방식으로 당신의 잠재의식적인 작용 체계를 구성했다는 사실에 깜짝 놀랄 것이다. 다른 사람들의 눈에는 그다지 중요해 보이지 않는 사건들이 당신 인생의 궤도 전체를 바꾸어놓기도 한다. 순간 떠오른 생각들이 절대로 잊을 수 없는 기억들이 되고, 지나가는 말 한마디가 예언자의 말처럼 영향을 미치기도 한다. 또 피상적으로 보이는 사건들이 인식 체계에 대전환을 일으킬 수 있다.

나는 어렸을 때 프로미식축구팀 바이킹스(Vikings)의 열렬한 팬이었다. 그래서 매 경기를 관람하거나 카드를 모았다. 심지어 나는 할아버지가 배터슨 가문에 물려준 바이킹스 팀 목욕 가운도 가지고 있었다. 미네소타 주 블루밍턴에 위치한 메트로폴리탄 경기장에서 열리는 프로미식축구 경기를 처음 보러 갔을 때가 기억난다. 당시 바이킹스 팀은 샌프란시스코 포리나이너스 팀과 경기 중이었는데, 3쿼터가 끝나자마자 팬들이 우르르 경기장을 빠져나갔다. 바이킹스 팀이 패한 것처럼 보였기 때문이다. 하지만 우리는 끝까지 자리를 지켰다. 그리고 마침내 4쿼터 때 바이킹스 팀이 세 차례의 터치다운(touchdown, 상대 골라인을 넘는 것을 말하며 이때 득점이 가능하다)을 기록하며 지금까지 보았던 역전승 가운데서도 가장 감격적인 역전승을 이루어냈다. 나는 자리를 박차고 일어나 환호를 보냈다.

그날 나는 바이킹스 팀이 비록 지고 있더라도 끝까지 자리를 지키며 응원하는 진짜 바이킹스 팀의 팬이 되었다. 또한 그날은 내가 못 말리는 낙관주의자가 된 날이기도 하다. 바이킹스 팀이 4쿼터 종료 2분을 남기고 두 번의 터치다운을 허용해 경기에 져도 상관없다. 감히 TV 리모컨을 만지지 말라! 그런 상황이라도 진짜 팬은 TV를 끄거나 채널을 돌리지 않는다. 짜릿한 역전극을 마음에 그리기 때문이다. 바이킹스 팀 선수들이 공격권을 가져오기 위해 사력을 다하고, 모험적인 플레이를 펼치고, 장거리 패스를 하고, 터치다운으로 점수를 올리고, 2점의 추가 득점을 얻기 위해서 보너스 공격을 시도하기만 하면 된다. 경기는 심판이 종료 호루라기를 불러야 끝이 난다. 사실 내 마음에서 경기는 끝나지 않는다!

솔직히 내가 못 말리는 낙관주의자가 된 이유는 감수성이 예민한 나이에 목격한 그 믿기 어려운 4쿼터의 역전극에서 비롯되었다고 생각한다. 그것은 나에게 결정적인 순간이었다. 그리고 그 못 말리는 낙관주의 성격은 내 인생의 모든 부분에서 드러났다. 나는 포기를 모른다.

내 인생의 큰 점 중에 다른 하나는 10년 전쯤 생사를 넘나드는 경험을 했던 일이었다. 그때 나는 일주일 동안 비정상적으로 배가 아팠다. 동네 의사들은 원인을 알아내지 못했고, 결국 배를 붙잡고 워싱턴 병원 응급실로 실려갔다. MRI 촬영 결과 장 파열이었다.

새벽 두 시, 내 침상의 커튼을 열고 의사가 나타났다. 의사는 당장 수술을 받아야 한다고 말했다. 나는 그 수술에 생사가 달렸다는 것을 알았고, 너무 아픈 나머지 죽고 싶다는 마음까지 조금 들었다. 나는 이틀 동안 인공호흡기를 단 채 생명을 위해 싸웠다.

그렇게 수술을 받고 회복하는 동안 우연히 오스왈드 챔버스 (Oswald Chambers) 목사님의 전기를 읽게 되었다. 나는 이미《주님은 나의 최고봉》을 즐겨 읽고 있었다. 그렇지만《순종의 길》을 읽고 난 후부터 목사님의 저서를 제대로 이해하게 되었다고 생각한다. 아무래도 그 분이 고난과 좌절에 대한 경험을 많기 때문이 아니었을까?

내가 오스왈드 챔버스 목사님에게 동질감을 느낀 이유는 그 분도 장 파열을 앓았기 때문이다. 정확히 맹장 파열이었고 그 합병증으로 세상을 떠나셨다. 수많은 난관과 시련을 겪었으면서도 목사님은 많은 명언을 남겼다. 내가 가장 좋아하는 명언은 "하나님이 이끄시게 하라"이다. [3] 이 세 단어에는 하나님의 주권에 대한 목사님의 신뢰가 고스란히 담겨 있다. 이 신뢰야말로 바로 거룩한 확신이다.

우리의 정서적인 문제들은 대부분 뿌리 깊은 영적인 문제, 곧 주권적으로 통치하시는 하나님에 대한 신뢰 부족에서 비롯된다. 과거의 죄책감, 현재의 스트레스, 미래의 불안함, 이 모든 것이 하나님에 대한 신뢰가 부족하기 때문이다. 만일 머리가 셋 달린 이 괴물을 그대로 내버려둔다면 우리에게 있는 거룩한 확신을 바닥까지 고갈시켜 하나님께서 주신 사명에 대한 의식을 잃어버리게 할 것이다.

우리는 대부분 자기 힘으로 통제할 수 있는 일들을 통해 확신을 얻지만, 그것은 확신에 대한 잘못된 인식이다. 거룩한 확신은 환경과 전혀 무관하다. 그것은 하나님의 주권적인 섭리와 관계되어 있다. 그런데 우리는 환경이 우리와 하나님 사이를 비집고 들어오도록 너무나 자주 허용한다. 거룩한 확신은 우리와 환경 사이에 하나님을 개입시킨다. 따라서 우리가 거룩한 확신을 갖는다면 전능하신 하나님께서 우리 삶의 거인들을 소인들처럼 만드실 것이다.

솔직히 우리는 무엇이든 자기 뜻대로 통제해야 직성이 풀리는 사람들이다. 우리는 환경이나 다른 사람들을 자기 뜻대로 통제하고 싶어 한다. 그리고 결국 하나님까지도 자기 뜻대로 통제하고 싶어 한다. 우리는 성화된다는 미명 아래 그렇게 한다. 그러나 그것은 사이비 성화다. 자기 힘으로 자기를 돕겠다는 무익한 시도에 불과

하다.

하나님에 대한 신뢰 부족은 하나님의 도움을 거부하는 행위 그 이상의 일이다. 하나님을 위해, 하나님의 일을 해서, 하나님을 돕겠다는 교만한 시도이다. 우리는 모든 사람과 모든 것들을 자기 뜻대로 통제하려고 애쓴다. 하나님의 역할을 하는 것이다. 그러나 하나님께서는 하나님 노릇을 하라고 우리를 부르신 것이 아니다. 본래 우리 자신이 되라고 우리를 부르셨다. 통제하는 것은 사실상 신뢰의 문제다. 하나님을 신뢰하지 않는다면 그만큼 더 통제하려고 할 것이다.

통제력을 잃으면 마치 생명을 잃는 느낌마저 든다. 인공호흡기를 달고 있는 사람은 자신이 아무것도 통제하지 못한다는 것, 그리고 죽을 수밖에 없는 인간이라는 사실을 절감한다. 그러나 그런 두려움을 이겨내면 새로운 사람으로 다시 태어난다. 내가 마취에서 깨어나 병원 침상에 누워 있을 때 그랬다. 갑자기 모든 것을 통제하는 척하지 않아도 되는 사람이 된 것이다. 사실 그런 척할 수도 없었다. 팔뚝에는 주사바늘이 꽂혀 있고 코에는 산소호흡기를 끼고 있었기 때문이다. 나는 수술을 잘 견디고 살아남았지만, 수술을 하면서 인간적인 자신감은 죽었다. 그리고 그 사실에 대해 하나님께 영원히 감사드린다.

행성을 궤도에 붙잡아두려고 하는 것보다 영적, 정서적, 인간관계적으로 더 피곤한 것은 없다. 반면에 하나님의 주권적인 통치를 굳게 믿고 의지하는 것보다 더 기운이 솟는 것은 없다. 세상에서 가장 큰 자유는 통제하기를 포기하고 주권적으로 통치하시는 지극히 높으신 하나님께 자신의 인생을 맡기는 것이다. 그렇게 할 때 인간적인 자신감이 십자가에 못 박혀 죽게 되고 거룩한 확신이 부활하게 된다. 이 두 가지는 절대 공존할 수 없다.

✦ 정복할 수 없는 특질

내가 가장 좋아하는 단어 역시 오스왈드 챔버스 목사님이 만들어주셨다. 바로 '정복할 수 없음'(unconquerableness)이라는 단어이다. 로마서 8장 37절에 "정복자들 이상"(more than conquerors, 한글 개역개정 성경에는 "넉넉히 이기느니라"라고 되어 있다)이라는 어구를 약간 변형시킨 것이다.

목사님은 《주님은 나의 최고봉》에서 이렇게 말했다.

"세상이나 지옥의 어떤 능력도 인간의 영 안에 있는 하나님의 영을 정복하지 못한다. 이는 정복할 수 없는 내적 특질이다."

다윗은 그 무엇에도 정복당하지 않는 특질을 지니고 있었다. 물러서거나 주저앉으려고 하지 않았다. 그는 골리앗과의 결투가 자신의 사명이라는 사실을 알았고, 하나님께서 그 경험을 어떻게 계획하고 지휘하시는지 보았다. 하나님은 우리의 삶에서도 똑같이 행하고 계신다. 우리에게 자신감을 심어주시기 위해 사소한 기회와 작은 승리들을 사용하신다. 그러나 그 자신감은 우리 자신의 능력에 대한 인간적인 자신감이 아니다. 하나님의 능력에 대한 거룩한 확신이다.

어떤 점에서 보면 우리의 믿음은 하나님의 신실하심에서 나오는 부산물이다. 하나님께서는 당신 자신이 신실하다는 진리를 입증하신다. 우리가 인생의 크고 작은 점들을 연결하면서 그 진리를 깨달을 때 우리의 믿음이 자란다. 우리는 사자와 곰의 발톱에서 구해주신 하나님께서 우리 인생의 거인들에게서 우리를 구해주실 것을 깨닫게 된다. 그리고 그 거인들이 아무리 크더라도 우리에게는 그 무엇에도 정복당하지 않는 내적 특질이 있다. 그 특질은 언제나 작은 승리들에서 시작된다.

얼마 전 내 딸 서머는 태어나서 처음으로 학생회 대표 한 사람과 5킬로미터 달리기 경주에 참가했다. 달리기를 좋아해서? 아니다. 학생회 대표를 좋아했기 때문이다. 서머를 운동시키는 것은 가끔 내게 고역이었다. 그러나 경기 당일, 서머가 결승선을 통과할 때 그 아이의 내면에서 무언가 갑자기 폭발했다. 목표를 향해 나아가 마침내 그것을 성취했을 때 맛보게 되는 아드레날린의 분출을 경험한

것이다. 다음 날, 달리기를 좋아하지 않던 서머가 하프마라톤에 도
전해보겠다고 말했다. 아이는 분명히 더 큰 목표를 향해 나아갈 확
신을 주는 것이 작은 승리라는 것을 경험한 것이다.

　다윗의 경우도 그랬다고 생각한다. 다윗은 양들을 공격하는 들
짐승들을 해치울 때마다 조금씩 거룩한 확신을 얻을 수 있었다. 엘
라 골짜기에 갔을 즈음에는 거인을 목표로 삼기에 충분할 만큼 거
룩한 확신이 쌓인 상태였다. 물론 그렇게 되기까지는 시간이 걸린
다. 다윗이 그랬던 것처럼 그 과정 가운데 일어나는 몇 차례의 싸움
에서 지기도 할 것이다. 그러나 나는 당신이 지나온 날들을 돌아볼
때 크고 작은 점들을 연결할 수 있게 되기를 소망한다. 과거를 회상
하며 사명을 의식하기를, 그 무엇에도 정복당하지 않는 내적인 특
질로 충만해지기를 소망한다. 당신 안에서 착한 일을 시작하신 그
분이 이루실 것을 믿기 때문이다(빌 1:6).

　하나님께서는 다윗에게 하셨던 것처럼 당신의 걸음을 인도하고
계신다. 약간의 거룩한 지연은 예상해야 한다. 우리가 겪는 실망스
러운 상황들, 즉 꼼짝없이 들판에 갇혀서 양털을 깎던 다윗이 전쟁
터로 나가는 형들을 보았을 때와 같은 실망스러운 상황들까지 모
두 하나님의 도구이다. 물론 거기에는 다음과 같은 보충 설명이 달
릴 것이다.

　"헛되지 않게 하기 위함!"

나 역시 보충 설명을 하며 이번 장을 마무리하려고 한다. 땅을 매입하려던 우리 교회가 그 땅과 관련해서 세 번째 사람의 사인을 받지 못해 결국 부동산 개발업자에게 부지를 빼앗겼다고 한 나의 이야기를 기억하는가? 그때 나는 우리 교회가 그 땅을 얻지 못하게 된 것 때문에 크게 실망했다. 그러나 지금은 그렇게 된 것을 무척 기쁘게 여긴다.

당시 나는 이 책을 쓰고 있는 중이었다. 그리고 솔직히 말해서, 이 책이 출간되는 날이 와도 그때의 실망감이 해소되지 않을 거라고 생각했다. 그러나 탈고를 출판사에 넘기려는 순간 하나님이 역사하셨다. 우리가 다른 땅을 계약하게 된 것이다. 전에 매입하려던 땅 바로 건너편에 위치한 부지였다. 전에 매입하려던 땅보다 두 배 더 넓었으며 가격은 절반밖에 되지 않았다.

살면 살수록 내 인생에서 실망스러웠던 일들에 대해 하나님께 더 감사드리게 된다. 내가 낙담했던 일들까지 하나님께서 쓰셨다는 것이 드러나기 때문이다. 물론 그것이 거룩한 지연이나 약점으로 나타날지 모른다. 그러나 하나님께 기회를 드리면 우리 인생의 실망까지 절대 헛되지 않게 하실 것이다. 확신해도 좋다. 그 무엇에도 정복당하지 않는 특질이 내 안에 있다는 거룩한 확신을 가져라.

하나님께서 이끄시게 하라!

실망이나 지연을 좋아하는 사람은 아무도 없다. 그러나 그것을 내 영혼의 지문이 완벽하게 찍히는 기회라고 바라보기 시작하면 어떨까? 하나님께서는 우리가 약점이라고 여기는 요소들을 사용하여 우리를 단련시키시고 또 새롭게 정의해주신다. 따라서 우리는 더 이상 우리 힘으로 통제할 수 있다고 믿지 말아야 한다. 그리고 하나님이 하고 계신 일들을 확신해야 한다. 하나님께서 하고 계시는 일들이 단기적으로는 고통스럽게 느껴지기도 하겠지만 그 일들에 대한 거룩한 확신을 가져야 한다. 그렇게 할 때 실망스러운 일들이 거룩한 임무가 되고, 그 무엇에도 정복당하지 않는 내적 특질을 발전시켜 나갈 수 있다.

인생을 살아가면서 당신이 약점이라고 여기는 어떤 요소들이 지금 당신을 방해하는 것처럼 보이는가? 하나님께서는 당신을 향한 하나님의 계획을 준비해두셨다. 하나님께서 그 계획을 이룰 수 있도록 돕기 위해 당신의 약점을 어떻게 사용하실까?

SCENE 2
인생의 상징물들

내 인생은 하나님께서 쓰시는 그분의 이야기다

다윗은 그 블레셋 사람의 머리를 예루살렘으로 가져가고
갑주는 자기 장막에 두니라 _삼상 17:54

최근에 나는 새 집으로 이사를 했다. 아마 우리 가족이 유홀 (U-Haul, 이삿짐트럭 대여업체) 역사상 가장 짧은 거리를 이동하지 않았을까. 이삿짐트럭을 빌리면 기본요금 외에 주행거리 1.6킬로미터당 1달러 59센트의 비용이 부과되는데, 전에 살던 집에서 반 블록 떨어진 곳으로 이사했기 때문에 47센트밖에 나오지 않았다. 물론 그렇다고 해서 이사가 조금이라도 쉬웠던 것은 아니다. 첫 번째 집에서 14년간 살면서 모인 짐들을 전부 쌌다가 다시 풀어야 했으니까.

새 집으로 이사해서 짐을 풀던 중 오랫동안 보지 못했던 낡은 구두상자를 우연히 발견했다. 나는 잠시 작업을 멈추고 여유롭게 기억을 더듬어보았다. 마치 한 시간이 평생처럼 느껴졌다. 비록 가치도 없고 값싼 물건들이 가득했지만 그 구두상자 안에 평생의 기억이 담겨 있었기 때문이다. 미식축구 선수들 얼굴이 새겨진 카드를 담아두는 신성한 보관함 역할을 했던 쿵푸이(코미디 영화 주인공) 도시락, 제자훈련 올림픽에서 받은 금메달, 이유는 모르겠지만 기념품으로 남겨둔 초등학교 4학년 때 공작 과제, 고등학교 때 발목이 삐었을 때 회복되는 동안 신었던 굽 낮은 신발, 대학원 때 받았던 직업적성평가 기록 등. 그 기록에 대해 말하자면, 나는 작문에서 평균 이하의 점수를 받았었다.

나는 낡은 일기와 앨범들을 뒤적거리며 그 구두상자 안에 나의 일부가 있다는 것을 깨달았다. 그리고 오래전에 읽었던 책 한 권, 《모리와 함께한 화요일》(Tuesdays with Morrie)이 기억났다. 그 책에서 저자 미치 앨봄은 대학교 스승인 모리 슈바르츠 교수와 면담을 하고, 그러면서 죽는 순간까지 루게릭병에 맞서 싸우던 노년의 교수가 인생에 관한 생각들을 전하는 모습을 그리고 있다. 책에는 심오한 내용들이 가득한데, 그중에서 가장 기억에 남는 부분은 사람이 늙어가는 것에 대해 이야기를 나누던 장면이었다.

교수가 제자에게 말한다.

"나는 늙어가는 것을 받아들이네. 아주 간단해. 나이를 먹을수록 더 많이 배우는 거지. 만일 자네가 스물두 살에 머무른다면 스물두 살에 그랬던 것처럼 언제나 무지할 거야."

(스물두 살 독자들이 있다면 부디 화내지 말기 바란다. 그 책에서 교수가 한 말

이지 내가 한 말이 아니니까.) 그런 다음 교수는 나중에 더 늙어서가 아니라 더 젊었을 때 받아들여야 하는 인생관에 대해서도 말한다.

"사실 지금까지 살아온 모든 나이가 나의 일부를 이루고 있지. 나는 세 살이기도 하고, 다섯 살이기도 하고, 서른일곱 살이기도 하고, 쉰 살이기도 해. 나는 그 모든 나이를 지나왔고 그 나이가 어떤지 알지. 어린아이가 되는 것이 맞을 때는 어린아이인 것을 즐기지. 지혜로운 노인이 되는 것이 적당할 때는 지혜로운 노인이라는 것이 기뻐. 내가 어떤 나이든지 될 수 있다고 생각해보게! 이 나이까지 살면서 거쳐온 모든 나이가 내 나이라네."[4]

나는 내 기억의 구두상자를 자세히 살펴보면서 그 말에 대해 생각해보았다.

"이 나이까지 살면서 거쳐온 모든 나이가 내 나이라네."

그렇다. 구두상자 안에 들어 있는 영적인 기념품들은 단지 '과거의 나'만 보여주는 것이 아니다. '현재의 나'가 누구인지도 보여주고 있었다. 지금까지 살면서 거쳐온 모든 나이가 내 나이이기 때문이다.

내가 장 파열로 수술을 받고 중환자실에 있을 때 산소마스크를 썼던 일은 오래된 과거의 기억이 아니다. 내 일상의 의식 중 일부이다. 당시 간호사가 심폐소생술을 하라는 신호를 보내며 내 입과 코에 산소마스크를 씌웠던 그 순간, 나는 정말이지 마지막 숨을 쉬는 줄 알았다. 참으로 오래전 일이다. 그러나 현재 내 삶의 강렬한 애착이 생사를 넘나들던 그 순간에서 비롯되었다고 나는 확신한다. 지금 내게 신체적으로 산소마스크가 필요한 것은 아니다. 하지만 영적으로는 여전히 필요하다.

어떤 점에서 보면 내가 그 구두상자이고 그 구두상자가 나인 것이다. 나는 내 이름, 직업, 학위, 꿈, 내 가족들 그 이상이다. 오늘의 나는 과거의 나로 이루어져 있다. 내 영혼의 지문을 드러내는 것은 내 발자국, 즉 지금까지 걸어온 길과 지금까지 한 일들이다. 따라서 내가 과거의 기억들을 독특하게 결합할 때, 그 결합은 영적으로, 정서적으로, 인간관계나 동기부여라는 측면에서 현재 내 모습을 만든다.

또 그 결합으로 인해 나는 다른 누구도 하지 못하는 방식으로 하나님을 예배할 수 있다. 왜? 우리가 찬송가 〈오 신실한 주〉를 부른다고 생각해보자. 그때 우리는 어떤 정적인 성품의 특질을 포괄적으로 찬양하는 것이 아니다. 그 이상이다. 하나님의 신실하심은 우리 삶의 모든 순간만큼이나 독특하다. 그리고 과거에 대한 우리의 모든 기억은, 그 누구에게나 동일하면서도 다르기도 한 역동적인 하나님의 신실하심에 따른 증거이다. 따라서 우리 교회 교인들이 다 함께 모여 그 찬송을 부를 때 그것은 한 곡의 노래가 아니다. 하나님의 신실하심을 화음으로 부르는 수백 수천 곡의 독특한 노래들이다.

나는 천성적으로 미래형 사람이다. 우리 교회가 다양한 예배 장소들 중 한 곳에서 새롭게 시작하기도 전에 나는 이미 다음 장소, 다다음 장소에 대해 생각한다. 출판사에 넘긴 원고가 책으로 출간되기도 전에 나는 다음 책을 쓰기 시작한다. 그렇게 나는 언제나 그다음에 대해 생각한다. 그리고 그렇게 할 수 있도록 우뇌에 상상력을 더해주신 하나님께 감사드린다.

하지만 어제를 기억하는 능력이 없다면 내일을 상상하는 능력은 무의미해질 것이다. 과거를 기억하지 못하면 모든 것을 날마다 다시 배워야 할 것이다. 우리가 누구이고 지금까지 어떤 길을 걸어왔는지 망각할 것이다. 그리고 하나님의 신실하심을 잊어버리면 믿음 또한 잃게 될 것이다.

⁺제단을 만드는 기술

우리 삶의 결정적 순간들은 하나님을 기억하기 위한 '제단'의 기능을 한다. 다윗의 무기였던 돌 역시 제단이었다. 성경적 증거는 없지만, 다윗은 골리앗의 이마를 정통으로 맞춰 쓰러트린 핏자국 선명한 그 돌들을 보관하지 않았을까? 우리에게도 지금까지 어떤 길을 걸어왔고 또 지금 어디로 향하고 있는 중인지 상기시켜 주는 거룩한 기념품들이 필요하다.

아브라함이 모리아 산에 다시 한번 가보지 않았을까? 하나님은 그곳에서 아브라함에게 이삭 대신 제물로 쓸 숫양을 공급해주셨다. 어쩌면 아브라함은 그 숫양의 뿔 하나 정도는 보관했을지도 모른다. 야곱은 벧엘에서 다시 한 번 야영을 하지 않았을까? 베드로는 언젠가 자신이 한번 걸어본 적이 있는 갈릴리 바다의 그 지점에 가보지 않았을까? 삭개오는 후손들에게 자신이 예수님을 보기 위해 올라갔던 그 돌무화과나무에 올라가보라고 하지 않았을까? 바울은 다메섹을 향해 가다가 말에서 떨어진 그곳에서 얼마나 자주 멈춰 섰을까?

만일 당신이 나사로라면 어떻게 했겠는가? 자신이 수의를 입고 나흘이나 누워 있던 그 무덤에 해마다 가보지 않았을까? 어쩌면 방금 꺾은 꽃들을 무덤 옆에 두고 왔을지도 모른다. 그러나 유감스럽게도 우리는 제단 만드는 기술을 잃어버렸다. 영적 훈련을 잃어버린 것이다. 오래 기억해야 할 것들을 잊으면 심각한 영적 문제가 발생한다. 우리가 믿음을 잃게 되는 주된 이유도 하나님의 신실하심을 잊어버리기 때문이다. 그래서 성경에 '기억하라'(remember)라는 단어가 250번 정도 반복되고 있는지도 모르겠다.

우리는 잊어야 할 것을 기억하고 기억해야 할 것을 잊어버리는 경향이 있다. 바로 그 점이 하나님께서 우리에게 제단을 쌓거나 기념비를 세우라고 말씀하시는 이유이다. 야곱은 꿈을 기억하기 위해 벧엘에 제단을 쌓았고, 이스라엘 백성들은 이적을 기억하기 위해 요단강에서 취한 열두 돌을 길갈에 세웠으며, 사무엘은 블레셋 족속들을 무찌르고 그 승리를 기억하기 위해 미스바에 제단을 쌓았다. 비율로 따지면 워싱턴 DC에 세워진 기념비들보다 이스라엘에 세워진 기념비들이 더 많을지도 모른다.

그렇다면 우리는 왜 기념비들을 세울까? 기념비들이 도시경관이나 생활공간에서 하는 두드러진 역할은 무엇일까? 과거를 상기시켜주는 그런 기념물들이 없다면 인생을 살면서 배웠던 영적인 교훈들을 빨리 망각하기 때문이다. 나는 과거를 일깨우는 이 물질적인 기념물들을 '인생의 상징물들'(lifesymbols)이라고 부른다. 그런 상징물들은 모양과 크기가 매우 다양하다. 나에게는 중환자실에서 썼던 산소마스크가 포함된다.

내가 지구상에서 미적 감각이 가장 뛰어난 사람도 아니고, 당신 역시 내가 당신의 집을 꾸며주기를 원하지 않을 것이다. 그런데 몇 해 전 나는 뜻밖의 사실을 발견했다.

"왜 내가 무의미한 것들에 둘러싸여 있는 거지?"

물론 이 질문이 어디서 왔는지는 잘 모르겠다. 그러나 이 질문에 답을 했을 때 내 삶에 예술적 르네상스가 일어났다. 우리 집 벽에 걸린 그림이 개인적으로 나에게 어떤 의미도 없다는 것을 깨닫는 순간 그 그림을 바꾸기로 결심한 것이다. 나는 내가 누구이며 누구의 소유인지, 지금까지 내가 어떤 길을 걸어왔고, 현재 어디로 가는 중인지를 상기시키는 물건들로 나 자신을 둘러싸기로 결심했다. 우리 집 선반에 나와 아무 관계도 없는 미술품을 올려놓고 싶지 않았다. 하나님의 신실하심을 기억하기 위한 제단을 쌓고 싶었다. 그래서 몇 년 동안 내 영적 기억을 환기시키는 아름다운 기념물들을 모으기 시작했다.

지금 내 사무실 선반에는 인생의 상징물들로 가득하다. 우리 교회가 운영하는 커피숍으로 변신하기 전인 크랙하우스(crack house, 마약중독자들의 소굴)에서 주운 위스키 병, 우리 교회가 13년이나 모였던 유니언 역 영화관에서 주운 낡은 화장실 표지판, 우리 교회 인터넷 방송을 세상에 알리게 된 〈뉴욕 타임스〉 한 부, 그리고 내 보물 중 하나인 낡고 해어진 할아버지의 성경책. 내 사무실은 단순한 사무실이 아니다. 하나님의 신실하심을 기억하기 위한 제단이다. 단지 그곳에서 회의를 하고, 메일을 확인하고, 경우에 따라서 일을 할 뿐이다.

내 인생을 상징하는 물건들 중에서도 가장 중요한 의미가 있는 것은 미네소타 주 알렉산드리아의 목장 사진이 든 액자이다. 열아홉 살에 나는 그 목장에서 하나님의 소명을 느꼈고, 그곳을 거닐며

기도할 때 내 인생의 궤도가 바뀌었다. 그때가 바로 내 인생의 '불타는 떨기나무' 순간이다. 몇 년 전에는 사진 몇 장을 찍기 위해 사진작가와 함께 그곳으로 순례여행을 떠나기도 했었다.

나 역시 다른 목회자들처럼 어려움을 겪는다. 그리고 그런 날에는 무엇보다 내가 목회의 길을 가는 이유가 무엇인지 다시 한번 상기할 필요가 있다. 그럴 때 나는 의자를 빙그르 돌려서 문자적으로 또 상직적인 의미에서 과거를 되돌아보기 위해 목장 사진을 응시한다. 그러면 스멜링 솔트(smelling salt, 의식을 잃은 사람의 코 밑에 대어 정신이 들게 하는 화학 물질) 효과처럼 나의 사명에 대한 의식이 되살아나는 느낌이 든다. 아마 다윗도 자신의 장막에 걸어놓은 골리앗의 갑옷을 바라볼 때마다 매번 그렇게 느끼지 않았을까.

✚ 골리앗의 갑옷

다윗이 던진 물맷돌이 골리앗의 이마를 강타했을 때, 다윗은 과녁에 명중했다는 사실을 알고 있었다. 그러나 그것으로 충분했을까? 다윗은 골리앗의 무게중심에 미묘한 변화가 일어나기를 기다렸다. 그 순간, 키가 2미터 70센티나 되는 거인이 베어진 나무처럼 앞으로 고꾸라졌다. 다윗의 두려움이 승리의 안도감으로 바뀌는 순

간이었다. "덩치가 클수록 요란하게 넘어진다"는 말이 있는데 맞는
말이다. "키가 클수록 더 오래 걸린다"는 말도 맞다. 거인을 땅바닥
에 쓰러트리는 데 오랜 시간이 걸린다. 그러나 거인이 쓰러질 때 일
어나는 흙먼지 구름은 꽤 볼만하다.

오늘날 우리는 득점에 성공한 선수들이 세리머니를 하는 것이 하
나의 퍼포먼스가 되는 문화 속에서 살고 있다. 다윗도 골리앗을 때
려눕힌 작은 거인이 되어 경쾌한 춤을 선보이지 않았을까 자못 궁
금하다. 다윗과 골리앗이 결투하기 직전에 나눈 대화를 읽어보라.
마치 프로레슬링 선수들이 경기 전 상대의 약점을 지적하며 조롱하
는 느낌이 든다. 어찌 됐든 다윗이 승리할 가망이 없는 상황에서 이
겼으니, 그때 자연스럽게 나오는 세리머니를 억제하기 어려웠을 것
이다.

다윗은 정서적으로 매우 격앙되는 순간에 춤을 추는 오랜 습관
을 가지고 있었다. 그가 승리를 어떻게 축하했는지는 정확히 모르
겠다. 그러나 한 가지는 분명하다. 다윗은 골리앗을 무찌른 분이
누구인지, 그리고 그것이 자신이 아니라는 사실을 알았다. 승리는
만군의 여호와 하나님의 것이었다.

다윗은 거인이 땅바닥에 고꾸라졌을 때 한 순간도 지체하지 않
았다. 땅에 쓰러진 블레셋 사람에게로 재빨리 달려가, 그의 칼집에
서 칼을 뽑아 그 무기로 그의 목을 베었다. 그런 뒤에도 이상한 무

언가를 했다. 다윗은 쓰러진 골리앗을 전쟁터에 그대로 둔 채 돌아오지 않았다. 그는 골리앗의 갑옷을 벗기기 시작했다. 그 과정은 운동화 끈이나 허리띠를 푸는 것보다 훨씬 더 복잡했다. 골리앗의 시신을 돌려 눕히는 것만 해도 있는 힘을 다 쏟아야 했으니까.

다윗이 골리앗의 갑옷을 하나씩 벗겨내는 일은 역설적이게도 골리앗을 쓰러뜨리는 일보다 훨씬 더 어려웠다. 물맷돌을 던질 때는 거의 땀 한 방울 흘리지 않았는데 거인의 갑옷을 벗기면서 숨이 찼다. 성경에는 골리앗의 실제 갑옷 무게가 놋 오천 세겔, 약 57킬로 420그램이라고 기록하고 있다. 대수롭지 않게 넘길 만한 것은 아니다. 아마 다윗의 체중보다 더 많이 나가지 않았을까. 그러니까 다윗이 골리앗의 갑옷을 가져오는 일은 자기 몸무게에 해당하는 역기를 드는 셈이었다. 그 갑옷을 자신의 장막까지 옮기는 것은 만만한 일이 아니었다. 단순히 옮기기만 해도 성인 남성 두 명의 힘이 필요했을 것이다.

다윗의 구두상자는 내 것보다 훨씬 더 무거웠다! 그러나 다윗은 골리앗의 갑옷 세트를 자기 장막에 두는 불편을 마다하지 않았다. 기존의 장막을 걷고 다른 곳에 새로 장막을 칠 때마다 그 갑옷을 가져갔다. 왜? 그 갑옷이 다윗 인생의 결정적 순간을 날마다 상기시켜 주는 역할을 했기 때문이다. 골리앗의 갑옷은 다윗의 인생을 나타내는 57킬로 420그램짜리 상징물이었다. 청동 비늘 갑옷에 반사

된 한 줄기 빛이 다윗의 눈동자에 꽂힐 때마다 거인을 때려눕히시는 하나님에 대한 다윗의 거룩한 확신이 새롭게 되살아났다. 바로 그 것이 인생의 상징물들의 존재 목적이다. 그 물건들은 우리의 삶에 획기적인 영적 사건들을 상기시킨다. 과거에서 비롯된 그 기념물들이 현재에 의미를 부여하고 미래를 향한 거룩한 확신을 준다.

✛ 인생의 선물

처음으로 장례식을 인도한 날, 나는 인생의 상징물의 중요성과 힘을 다시 한번 깨달았다. 내가 스물두 살이었고, 형수의 할머니인 힐마 여사의 장례식이었다. 그런데 상황이 약간 특이했다. 유가족들이 고인의 시신을 추수감사절 전에 화장한 다음 성탄절에 유해를 묻기 위해 기다렸기 때문이다. 그래서 그 기간 동안 형수의 큰아버지가 유골함을 맡아두기로 했다. 만일 당신이라면 그 유골함을 어디에 두겠는가? 어느 날 형수의 큰아버지 차가 고장 나는 바람에 견인차에 달린 적이 있었다. 그때 뒤늦게 차 트렁크에 어머니 유골함을 넣어두었다는 것을 기억해냈다.

그는 견인차 운전기사에게 말했다.

"트렁크에서 어머니를 꺼내야 하니까 잠시 기다려주세요."

하필이면 그런 식으로 말하다니! 그다음에는 유골함을 크리스마스트리 옆에 두었다. 그러자 생전에 힐마 여사가 귀여워한 강아지 푸키가 유골함에 코를 대고 계속 킁킁거렸다. 푸키도 무척 혼란스러웠을 것이다.

"여기서 분명히 주인님 냄새가 나. 어떻게 주인님이 이렇게 작은 상자 안에 있지?"

마침내 장례식 날이 되었다. 나는 묘지 옆에서 간략하게 메시지를 전했다. 힐마 여사가 세상을 떠난 지 꽤 오랜 날들이 흐르고 나서 열리는 장례식이었기 때문에, 보통의 장례식과 다르게 유족들도 큰 슬픔을 느끼지 않을 것 같았다. 유족들도 감정을 그다지 많이 표현하지 않았다. 내가 외투 안주머니에서 손뜨개로 짠 덧신 한 켤레를 꺼내기 전까지는 분명히 그랬다. 그러나 내가 덧신을 꺼낸 바로 그 순간, 감정의 둑이 터져버린 듯 유가족들이 눈물을 쏟아냈다.

생전에 힐마 여사는 크리스마스 때마다 가족들에게 똑같은 선물을 주었다. 가족들은 모두 크리스마스가 되면 으레 그 선물을 받을 줄 알고 있었다. 그래서 그들의 옷장에는 힐마 여사가 선물해준 덧신들이 가득했다. 물론 손뜨개질해서 만든 덧신은 마음에 들지 않더라도 사랑하고, 비록 쓰지 않아도 고맙게 여기고, 실용적이지 않더라도 원하게 되는 그런 선물이었다. 힐마 여사도 가족들에게 일

일이 덧신을 짜주는 것보다 상품권을 사주는 편이 훨씬 더 편했을 것이다. 그러나 덧신만큼의 의미를 지니지는 못했을 것이다.

힐마 여사는 가족에게 손수 짠 덧신을 주면서 자기 자신을 주고 있었다. 내가 외투 안주머니에서 덧신을 꺼냈을 때 유족들이 감정을 주체하지 못하고 홍수처럼 눈물을 쏟아낸 이유도 힐마 여사가 가족들을 얼마나 사랑했는지 그 덧신이 상징하고 있었기 때문이다. 그 덧신은 무생물이었지만 말로 표현하기 어려운 추억과 감정을 불러일으켰다. 힐마 여사가 어떤 사람이었고 가족들에게 얼마나 큰 의미가 있었는지 나타내준다. 바로 그 점이 평범한 물건조차 인생의 상징물로 변화시키는 것이다.

힐마 여사의 장례식을 치르고 나서 얼마 지나지 않았을 때, 나는 유명한 저자이자 강연가인 데니스 웨이틀리가 자신의 인생에 남을 어떤 경험에 대해 말하는 것을 듣게 되었다. 내 마음에 '인생의 상징물'이라는 개념이 확고해지는 순간이었다. 어느 날 데니스는 강연 약속을 지키기 위해 비행기를 놓치지 않으려고 힘껏 뛰어갔다. 그러나 이미 탑승이 끝난 뒤였다. 데니스가 자신의 상황을 설명했지만 그의 간청에도 불구하고 항공사 직원은 완강했다. 좌절은 분노로 바뀌었다. 그는 곧바로 매표 창구로 달려갔다. 불만을 제기한 뒤 비행기 시간을 조정하기 위해서였다. 그러나 대기하는 줄이 좀처럼 줄어들지 않자 분노가 더 솟구쳤다.

그가 막 매표 창구 앞에 이르기 직전이었다. 때마침 흘러나온 안내 방송은 그의 인생을 바꾸어놓았다. 그가 놓친 시카고발 로스앤젤레스행 191편 항공기가 이륙 도중 폭발하여 승객 전원이 사망했다는 것이다. 그는 자신이 그 비행기를 놓쳤기 때문에 살았다는 사실을 깨달았다. 그는 더 이상 불만을 제기하지도, 항공기 티켓을 환불받으려고 하지도 않았다. 집으로 돌아와 티켓을 서재 게시판에 꽂아두었다. 그 후로 그는 좌절감을 느끼거나 화가 치밀어오를 때마다 그 티켓을 보았다. 그 비행기 티켓은 데니스의 인생을 나타내는 상징물이다. 인생을 당연하게 여기고 소홀히 하면 안 된다는, 즉 인생이 선물이라는 진리를 상기시키는 잊지 못할 기념물이 된 것이다.

그 일이 있은 뒤 나 역시 내 인생을 나타내는 상징물들을 의도적으로 찾고 그것들을 모으기 시작했다. 나의 인생은 하나님께서 나를 통해 써나가시는 한 편의 이야기, 곧 '그분의 이야기'(His-story)이다. 그리고 나는 내 믿음을 시작하신 분께서 나를 위해 쓰고 계시는 그 이야기의 줄거리를 알아차려야 한다. 인생의 상징물들은 새로운 장의 발단이 되는 사건, 흥미진진한 이야기가 펼쳐지는 장소, 결정적인 순간, 새로운 장면의 시작을 표시한다. 곧 하나님의 대본을 기억할 수 있도록 돕는 큐 카드(cue card, TV 출연자나 진행자가 말할 내용을 읽을 수 있도록 카메라 뒤쪽으로 들어서 보여주는 카드)이다. 지금까지 어떤 길을 걸어왔고 어떻게 여기까지 왔는지 일깨우면서 어떤 사람이 되어가는 중인지 보여주는 것이다.

오래전에 화제가 된 미니시리즈 〈뿌리〉(Roots)의 원작자 알렉스 헤일리(Alex Haley)는 울타리 기둥 위에 앉아 있는 거북이가 그려진 그림 한 점을 자신의 서재에 두고 있다고 했다.

그는 이렇게 말했다.

"저는 울타리 기둥 위에 앉아 있는 거북이를 볼 때마다 거북이가 누군가의 도움을 받았다는 사실을 떠올려요."

헤일리는 그 그림을 바라보면서 자신이 어떻게 현재 상태에 이르렀는지를 상기했다. 그는 누군가의 도움을 받았다! 다윗의 장막에 놓인 골리앗의 갑옷 역시 다윗에게 동일한 기능을 하지 않았을까? 그 갑옷의 크기 자체가 다윗이 누군가의 도움을 받았다는 사실을 입증하는 증거였다. 다윗에게는 골리앗의 갑옷이 울타리 기둥 위에 앉아 있는 거북이였다.

✦ 기억의 흔적

캐나다의 신경외과 의사 와일던 펜필드 박사는 인생 말년에 1,132명의 환자들의 두뇌를 연구했다. 그 환자들 중 많은 이들이 간질을 앓고 있었는데, 그 이유를 알고 싶었기 때문이다. 국부마취를 하고 두개골을 열면 환자들이 잠에서 깨어난 뒤 수술을 받으면서도 박사와 의사소통을 할 수 있었다. 그렇게 몇 차례 수술을 하면서 펜필드 박사는 흥미로운 점을 발견했다. 약한 전류를 이용해 두뇌의 다양한 부분들을 자극할 때 환자들이 회상(flashbacks)을 체험한다는 사실이다. 환자들의 마음의 눈에 과거의 생생한 기억들이 재생되었다. 다윗이 들판에서 죽인 사자와 곰을 회상했던 것과 다르지 않았다.

어떤 환자는 펜필드 박사가 그 환자 두뇌의 동일한 지점에 30회에 걸쳐 전기 자극을 줄 때마다 오래전에 음악회에서 들었던 교향악의 모든 음들을 기억해냈다. 또 어떤 환자는 어린 시절 기차역에 앉아 있던 장면을 떠올렸다. 마음의 눈을 따라 기차가 지나갈 때 그는 그 기차에 대해 상세히 묘사했다. 또 다른 환자는 어렸을 때 쓰던 빗을 떠올리며 빗살의 정확한 개수까지 헤아리기도 했다. 이렇듯 환자들의 회상은 대단히 상세했다. 그뿐만이 아니다. 그 회상 장면 대부분이 그들이 의식하고 있는 첫 기억보다 더 앞선 것들이었다.

펜필드 박사는 모든 장면, 모든 소리, 모든 냄새, 모든 의식적인 생각, 모든 잠재의식적 꿈들이 우리의 내적인 하드디스크, 즉 대뇌피질(cerebral cortex)이라고 알려진 두뇌 영역에 기록된다고 결론지었다. 대뇌피질은 다음과 같은 작용을 한다. 당신이 노래를 듣거나 그림을 보거나 성경 구절을 읽으면 대뇌피질 표면에 기억 흔적 또는 기억 심상이라 불리는 선 하나가 그려진다. 에치 어 스케치(Etch A Sketch, 그림이나 글씨를 쓰고 지울 수 있는 장난감으로 매직스크린이라고도 불린다) 기능을 하는 것이다. 그런데 만일 똑같은 노래를 다시 듣고, 똑같은 그림을 다시 보고, 똑같은 성경 구절을 다시 읽으면, 대뇌피질 표면에 그려진 선이 다시 그려진다. 그렇게 반복할 때마다 기억 흔적이 점점 더 깊어져서 마침내 그 노래나 그림이나 성경 구절이 대뇌피질 표면에 새겨진다.[5] 이렇게 기억 흔적은 우리 영혼의 지문에도 새겨진다.

한 가지 더 이야기하자면, 모든 기억들이 똑같이 만들어지는 것은 아니다. 세 종류의 기억이 있다. 첫째로 감각 기억은 생소한 전화번호를 들을 때처럼 잠깐 사이에 잊어버리는 것이다. 둘째로 단기 기억은 감각 기억보다는 조금 더 길게 기억하는데, 어제 무엇을 입고 먹고 보았는지 기억하지만 시간이 지나면 자세한 내용들은 낡은 흑백사진처럼 희미해진다. 셋째로 성배(聖杯)와 같은 기억이 있다. 소수의 경험이 장기 기억으로 남아 우리 영혼의 지문을 구성하는 기억들이다.

일반적으로 기억이 얼마나 오래 지속되고 기억 흔적이 대뇌피질 표면에 얼마나 깊게 새겨지느냐 하는 문제는, 그 사건에 관계된 감정의 강도에 따라 좌우된다. 어떤 사건에 대한 감정이 강렬할수록 그 사건의 기억이 더 강렬해지고 더 오래 지속되는 것이다. 우리의 장기 기억 거의 대부분이 이런 강렬한 감정(긍정적이든 부정적이든)과 관련되어 있다. 하나님께서는 처음부터 우리를 그런 식으로 만드셨다. 그런데 우리는 과거 경험의 99퍼센트를 금세 망각한다. 그것들을 거의 의식하지 않기 때문이다. 어쩌면 대뇌피질의 구석진 곳에 잠재의식으로 여전히 저장되어 있을지도 모른다. 프로그램을 업데이트 하지 않아서 열지 못하는 컴퓨터 파일처럼 말이다.

우리의 청지기 직분 중에 하나가 바로 이 '기억 관리'다. 때로 컴퓨터 하드드라이브를 최적화하듯 당신의 기억을 대상으로 조각 모음(하드디스크에 조각난 데이터를 재정렬 하는 작업)을 실행할 필요가 있다. 예를 들면 나쁜 일들에 대한 기록을 유지하는 대신 삭제하는 것이다. 컴퓨터에 폴더를 만들 듯 마음에 폴더를 만들어서 실제로 체험한 하나님의 축복들을 '오려두기' 해서 그 폴더에 '붙이기' 하는 작업이다. 자기발견의 과정은 낡은 파일들을 오랫동안 살펴보는 일에서부터 시작된다. 당신의 기억을 재고 조사 해보라.

+ 가장 어렸을 때의 기억?

오스트리아의 심리학자 알프레드 아들러는 새로운 고객이 올 때마다 간단하지만 의미심장한 질문으로 상담을 시작했다.

"가장 어렸을 때의 기억이 무엇입니까?"

그리고 환자들이 뭐라고 대답하든 "그것이 지금 당신이 살아가는 인생입니다"라고 대답했다고 한다. 그가 이렇게 말한 이유가 있다. 우리의 정체성에 영향을 미치는 요소 중에 우리가 아주 어렸을 때의 기억이 종종 가장 강렬한 기억이 되기 때문이다. 아주 어릴 때의 기억이 우리 인생을 변화시키고, 우리 영혼의 지문을 이루고, 일평생 지속된다.

내 경우에는 자전거를 처음 탔을 때였다. 그 기억이 매우 강렬했던 이유 중에 하나는 부모님이 그 이야기를 자주 들려주었기 때문이다. 그것이 부모가 하는 일이다. 부모는 자녀에게 이야기를 들려준다. 자녀들을 위해 기념물을 간직하고, 어릴 적 자녀의 모습을 사진으로 남겨서 자녀의 기억을 관리한다. 내가 네 살 때, 우리 집에서 몇 집 건너에 친구 하나가 살았다. 나는 매일 그 친구의 자전거를 빌려 탔다. 그러던 어느 날, 그 아이가 우리 집까지 씩씩하게 걸어와서 나에게 이렇게 통보했다.

"넌 이제 내 자전거를 못 타. 아빠하고 내가 보조바퀴를 떼어냈

거든!"

그 말을 듣자마자 나는 바로 그 아이의 집으로 걸어가, 그 아이의 자전거에 폴짝 올라앉았다. 그런 다음 보조바퀴 없는 그 자전거를 타고 우리 집으로 와버렸다. 만일 내게 어떤 일을 시키고 싶거든 그 일을 하라고 말하지 말라. 그 대신 그 일을 해서는 안 된다고 말하라! 그러면 나는 반드시 그 일을 할 것이다. 이런 나의 성격은 바로 그 자전거를 탔던 어릴 때의 기억에서 유래되었다. 그리고 그것이 내가 지금 살아가는 삶의 방식이다.

아일랜드의 작가 조지 윌리엄 러셀(George William Russell)이 지은 〈Germinal〉이라는 시가 있다.

유년 시절에 탈선했던
고대의 어스름한 해질녘에
세상의 큰 슬픔이 태어났고
세상의 영웅들이 만들어졌다.
가룟 유다의 타락한 소년기에
그리스도가 배신을 당했다. [6]

가룟 유다가 성인이 되었을 때 그리스도를 배신하기로 마음먹은 것이 아니다. 배신의 씨앗은 초기부터 이미 움트고 있었다. 물론 그렇다고 해서 유다의 행위가 정당화되지는 않는다. 그는 예수님을 배신하지 않기로 충분히 마음먹을 수 있었다. 우리가 성인이 된 다음에 하는 선택들이 아주 어렸을 때 기억까지 거슬러 올라가는 계보를 갖는 경우가 종종 있다.

정신과 의사 에모리 코웬의 연구에 따르면, 어떤 아이가 초등학교 3학년 때 겪는 인기가 성인이 되었을 때의 정신건강을 예측하는 가장 큰 변수라고 했다. 흥미로운 이론이고 타당하다고 생각한다. 어쩌면 정확하게는 초등학교 3학년이 아닐지도 모른다. 2학년이나 4학년 때일 수도 있다. 어린아이는 아직 마르지 않은 시멘트와 같아서 어린 시절에 하는 경험은 우리를 의미심장한 방식으로 형성해간다. 만일 당신이 아주 좋은 어린 시절을 보냈다면 이 글을 편한 마음으로 읽겠지만, 어려운 시절을 보냈다면 이 글을 읽기가 무척 불편할 것이다. 그러나 내가 아는 매우 강인한 사람들 중에는 어려운 어린 시절을 보낸 이들이 적지 않다. 여기에는 다윗도 포함된다.

다윗은 형들에게 동네북이었다. 다윗이 엘라 골짜기에 진 치고 있던 그들을 방문했을 때, 그들은 아버지 심부름으로 찾아온 다윗의 행동을 걸고넘어지며 그를 괴롭혔다. 다윗의 형들은 다윗 인생에서 첫 번째 거인들이었다. 다윗의 아버지 이새 역시 다윗의 잠재력을 알아보지 못했다. 사무엘이 이스라엘의 다음 왕을 임명하기 위해 이

새의 아들들을 세웠을 때, 이새는 굳이 다윗을 부르지 않았다.

그때 다윗은 분명히 상처받았을 것이다. 그러나 다윗은 그런 일들로 자신을 정의하지 않았다. 어릴 때 내가 이웃집 친구의 자전거를 탔던 것처럼, 다윗도 기꺼이 그런 도전을 받아들인 것이 아니었을까. 다윗은 상대가 자신을 약하고 작게 여기는 것에 개의치 않았다. 다른 사람들이 다윗의 잠재력을 알아보지 못할수록, 다윗은 그들이 틀렸다는 사실을 하나님께서 입증해주시기를 더 간절하게 원했다.

당신이 어떤 어려움을 겪었는지 나는 모른다. 그러나 분명한 것은 인생의 어려움을 자기단련의 기회로 삼으면 그것으로 자신을 정의하지 않아도 된다는 것이다. 정의하느냐? 단련하느냐? 선택하라. 인생의 어려움을 자기단련의 기회로 삼으면, 하나님께서는 그 부정적인 경험들을 통해서도 당신을 다시 정의해주실 것이다.

✛ 나중에 상상하기

레오나르도 다빈치(Leonardo da Vinci)는 인간의 상상을 두 가지 유형으로 구분했다. '미리 상상하기'(preimagining)와 '나중에 상상하기'(postimagining)이다.

'미리 상상하기'는 앞으로의 일이 일어나기 전에 상상하는 것으로, 우리가 일반적으로 생각하는 상상의 개념을 말한다. 우리는 미래를 상상한다. 걸음마를 배우는 아이나 십대 자녀를 키우는 부모는 아이들이 상상의 기억을 지닌다는 것을 알고 있다. 특히 하지 말아야 할 무언가를 했을 때 더 그렇다! '나중에 상상하기'는 이미 지나간 일을 다시 상상하는 것이다. 그러나 과거를 상상하는 이유가 거룩하든 거룩하지 않든, 그것은 우리가 잘 관리해야 할 하나님의 귀한 선물이다.

나는 나이를 먹을수록 과거의 나를 현재보다 더 좋게 평가한다. 아마 운동선수 출신이라면 공감할 것이다. 우리는 점점 나이를 먹어가면서 우리가 얼마나 좋은 사람이었는지, 혹은 과거에 얼마나 힘들었는지 과장하는 경향이 있다. 기억은 객관적이지 않다. 주관적이다. 그것도 매우 주관적이다. 우리는 과거를 실제보다 더 낭만적으로 생각하거나 과거에 일어난 일을 사실보다 더 크게 떠벌리곤 한다. 어떤 기억은 축소하고 어떤 기억은 확대하면서 기억을 왜곡하기도 한다.

이렇게 과거의 기억을 처리하는 방식은 미래를 바라보는 방식과 깊은 관계가 있다. 우리의 기억은 믿음으로 살도록 힘을 주거나, 아니면 두려워하며 살도록 우리를 구속한다. 과거를 '나중에 상상하는' 방식이 우리의 성패를 좌우한다. 그렇기 때문에 우리는 하나님의 눈을 통해 과거를 보는 것이 중요하다.

나이를 먹을수록 기억 관리가 더 중요해지는 이유는, 나이만큼 기억도 많아지기 때문이다. 기억을 관리하는 방식이 인생을 바라보는 방식, 자신을 바라보는 방식, 미래를 바라보는 방식을 결정할 것이다. 기억 관리의 중요성은 아무리 강조해도 지나치지 않다. 그런데 우리는 대부분 기억 관리를 전혀 고려하지 않는다. 우리의 기억이 정확한지 평가해본 적도 없고, 좋은 기억들을 꺼내놓으려고 기억의 패를 다시 섞어본 적도 없다. 우리 중에 누군가는 나쁜 기억을 삭제하고 마음의 휴지통을 비우는 일을 무척 어려워할 것이다.

우리는 청지기 직분을 시간, 물질, 재능의 관점에서만 생각하는 경향이 있다. 그러나 우리는 하나님께서 주신 마음을 잘 관리하는 선한 청지기가 되어야 한다. 이때 하나님께서 주신 마음은 미래의 일들이 일어나기 이전에 '미리 상상하기'와 과거의 일들이 일어난 이후에 '나중에 상상하기'를 포함한다. 기억 관리를 잘 못하면 정신장애를 앓는 것만큼 심신이 쇠약해진다. 여기서 해결 방법은 단 하나, 하나님의 섭리 가운데 이루어진 과거를 나중에 상상해보는 것이다. 그것이 바로 시편이라고 생각한다.

시편에서 다윗은 인생의 여러 경험을 한 이후에 그것을 상상하며 곡을 붙였다. 그는 이유를 찾았다. 그리고 고통 속에 있는 하나님의 섭리를 보았다. 비록 우리가 시를 쓰고 곡을 붙여가며 카타르시스를 경험할 수는 없겠지만, 다윗이 한 대로 따라 할 수 있는 방법을 발견할 필요가 있다. 여기에 인생을 나타내는 상징물들이 작용하기 시작한다. 상징물들을 통해 과거의 경험 속에서 하나님의 목적을 보게 되는 것이다.

✝ 뒤늦은 깨달음

하나님은 우리에게 세 가지 시야(sight)를 주셨다. 뒤늦은 깨달음 (hindsight), 통찰력(insight), 예지력(foresight)이다. 뒤쪽(hind)과 안쪽 (in)과 앞쪽(fore)을 바라보는 이 세 가지 차원의 능력은, 우리를 다른 피조물들과 구별할 수 있는 하나님의 형상의 일부이다.

동물들은 본능적이다. 약간의 기억이 있기는 있지만 조건반사적이다. 반응은 해도 사색하지는 않는다. 동물들의 먹이를 저장해두는 예지력 같은 행동조차 호르몬 반응에 지나지 않는다. 반면 인간은 엄청난 인지능력을 가지고 있다. 어떤 일을 생각하는 능력을 지녔기 때문에 나중에 과거를 상상할 수 있는 것이다.

우리는 앞을 보면서 인생을 살아가지만 뒤를 보면서 다시 체험한다. 영혼의 지문을 발견하는 과업은 과거 경험 안에 있는 하나님의 목적을 보는 것이다. 과거는 우연히 발생한 일들이 아니다. 하나님의 섭리로 일어난 일들이다.

"우리가 알거니와 하나님을 사랑하는 자 곧 그의 뜻대로 부르심을 입은 자들에게는 모든 것이 합력하여 선을 이루느니라 하나님이 미리 아신 자들을 또한 그 아들의 형상을 본받게 하기 위하여 미리 정하셨으니 이는 그로 많은 형제 중에서 맏아들이 되게 하려 하심이니라"(롬 8:28,29).

로마서 8장 28,29절의 렌즈로 당신의 과거를 보라. 그러면 당신의 삶 가운데 한 가지 계획이 이루어지는 중이라는 점을 깨닫게 될 것이다. 물론 그 사실을 항상 이해할 수 있는 것은 아니다. 왜냐하면 우리는 모든 것을 알 수 있는 존재가 아니기 때문이다. 우리는 과거의 경험에 비추어 현재의 환경을 바라본다. 앞쪽에 초점을 두고 살아가는 것이다. 그러나 하나님께서는 하나님의 궁극적인 목적을 염두에 두고 미리 정하신 뜻에 따라서 뒤쪽에 초점을 맞추어 일하신다. 그렇다면 하나님의 궁극적인 목적이 무엇일까?

하나님께서는 우리가 그리스도의 형상을 본받도록 예정하셨다. 로마서 8장 28,29절 말씀에서 바울이 말하는 그리스도의 형상은 임마지니 델 꾸오레, 즉 하나님께서 마음에 품고 계신 형상이다. 하나님께서 우리에게 주시는 모든 환경의 궁극적 목적은 우리 안에 그리스도의 성품을 키우시려는 것이다. 최악의 환경은 최선의 환경의 역할을 한다. 최악의 환경이 그리스도의 고난에 참여하도록 돕기 때문이다. 그리고 최악의 환경에서 얻은 교훈들은 종종 우리 인생을 나타내는 가장 훌륭한 상징물들이 되기도 한다.

구(舊) 소련의 강제노동수용소에서 살아남은 알렉산드르 솔제니친(Alexandr Solzhenitsyn)은 이렇게 논평했다.

"많은 사람들의 삶이 신비로운 의미를 지닌다. 그러나 모든 사람들이 그 의미를 올바로 알아차리지는 못한다. 대개 그 의미가 수수께끼 형태로 주어지지 않는다. 그 의미를 파악하지 못하면 삶이 무의미하게 보이기 때문에 실망한다. 하늘이 특별한 허락한 그 신비로운 상징들을 파악하고, 이해하고, 그 참된 길로 걷는 법을 배우는 데 이르는 것이 위대한 인생의 비밀이다." [7]

솔제니친이 말한 신비로운 상징들을 우리 인생의 상징물들로 바꿔야 한다. 그리고 그 작업은 과거를 재고 조사 하는 데서부터 시작된다. 지나온 삶을 돌아보며 개인적인 고고학 발굴 작업을 실행하면 값을 매기기 어려운 유물을 캐낼 수 있을 것이다. 당신의 인생을 나이와 단계에 따라 여러 장(chapters)으로 나누며 시작하라. 그런 다음 가장 어릴 때의 기억까지 모든 기억들을 더듬어보라. 어떤 일들이 기억나는가? 그 일들이 긍정적인 면과 부정적인 면에서 어떻게 오늘의 당신을 이루었는가? 그리고 하나님께서는 그런 과거의 경험들을 어떤 식으로 회복시키셔서 당신이 미래의 사명 안으로 들어가도록 도우실 수 있을까?

과거를 꼼꼼하게 파고 들어가다보면 정서적으로 기진맥진해지기도 한다. 그러나 당신의 운명이 거기에 숨겨져 있다는 사실을 기억하라. 깨달음의 영을 달라고 하나님께 기도하라. 발굴 작업을 하는 동안 떠오른 생각들을 일기에 기록하라. 당신의 인생을 나타내는 상징물들이 될 수 있는 신비로운 상징들을 찾고, 그런 다음 그것들을 벽이나 책상이나 선반에 두어 그 장소를 제단으로 변화시켜라.

✛ 해석과 설명

펜실베이니아 대학의 심리학자 마틴 셀리그만(Martin Seligman) 박사는 《낙관적인 사람이 인생에서 성공하는 이유》(Learned Optimism)라는 책에서 우리 각자가 '설명양식'(explanatory style)이라는 방식을 가진다고 했다. 이때 설명양식은 인생에서 그 일들이 왜 일어났는지 자신에게 설명하는 방식을 말한다. '왜'(why)가 '무엇'(what)보다 더 중요하다. 인생의 성패를 좌우하는 것은 경험이 아니다. 경험에 대한 해석과 설명이다. 그에 따라 궁극적으로 내가 어떤 사람이 되는지가 결정된다. 당신의 경험보다 그에 대한 당신의 설명이 중요하다.

예를 들어보겠다. 당신이 이혼을 경험하고 힘들어한다고 치자.

그때 당신은 자녀양육부터 재산분할에 이르기까지 현재 일어난 사실을 처리하는 것만으로도 충분히 힘들 것이다. 그러나 당신은 과거에 일어난 수많은 기억들 또한 처리해야 한다. 이혼에 대해서 가족과 친구들에게 설명해야 할 뿐만 아니라 자신에게도 설명해야 한다. 여기에는 선택할 수 있는 방안들이 많다. 유전적 관점에서는 이렇게 설명할 수 있다.

"틀림없이 유전자 때문이야. 내 부모도 이혼했으니까."

성격 차이라는 관점에서 보면 이렇다.

"우리는 서로 맞지 않았어."

부부 문제를 자신이 아닌 배우자 탓으로 돌릴 수도 있다.

"그 남자(그 여자)는 자신을 바꾸려고 하지 않았어. 절대로 바뀔 수 없는 사람이었어."

아니면 지나치게 자기 탓으로 돌릴 수도 있다.

"다 내 탓이야."

그 외에 이혼에 대해서 지나치게 많거나 적게 영적 의미를 부여할 수도 있고, 분석할 수도 있고, 과대평가하거나 과소평가할 수도 있다. 이혼에 대해 좋게 설명하든 나쁘게 설명하든 얼마든지 많이 설명할 수 있다. 그리고 사실 이혼한 이유를 파악하는 우리의 능력보다 이혼 자체가 더 복잡한 경우도 종종 있다. 그러나 당신에게 힘을 주든지, 당신의 심신을 쇠약하게 하든지 둘 중 하나를 하는 것은 바로 이혼에 대한 당신의 설명에 달려 있다. 이혼에 대한 설명이 변화의 촉매제가 될 수도 있고 철창처럼 자신을 구속할 수도 있다. 어떤 작용을 하느냐는 당신에게 달려 있다. 과거를 바꿀 수는 없다. 그러나 과거에서 배울 수는 있다. 그것이 우리가 미래를 변화시키는 방법이다.

동일한 경험을 해도 서로 다른 설명들이 많다. 어려운 점은 올바른 설명을 선택하는 것이다. 바로 그 순간에, 과거 속에서 하나님의 목적을 보는 거룩한 뒤늦은 깨달음이 필요하다.

나의 영웅 중 한 명이 코리 텐 붐(Corrie ten Boom) 여사이다. 나치가 네덜란드를 점령했던 2차 대전 당시에 그녀의 가족은 위험을 무릅쓰고 유대인들을 집에 숨겨주었다. 그러나 1944년 2월 28일, 나치가 그녀의 집을 급습하여 모든 사실이 발각되고, 그녀와 가족들은 강제수용소로 보내졌다. 수용소에서 아버지와 언니는 죽음을 맞이했지만 그녀는 기적적으로 살아남았다.

1975년, 미국의 한 영화사가 그녀의 일생을 그린 〈나치의 그늘〉(The Hiding Place)이라는 영화를 제작했다. 내가 그리스도를 믿기 시작한 것이 바로 이 영화를 본 뒤였다. 내 인생의 상징물들 중에서 가장 새로운 것이 있다면 바로 얼마 전에 구입한 이 영화의 낡은 포스터이다. 그리고 액자에 넣어둔 그 영화 포스터가 내 인생의 한 장면이기도 하다. 나는 그 포스터를 볼 때마다 처음으로 하나님께 내 마음에 들어와달라고 구했던 그날 밤을 기억한다.

코리 텐 붐 여사는 여러 해 동안 세계 곳곳을 다니면서 자신이 겪었던 일들을 전했다. 아니, 그녀가 겪은 일들에 대해 설명했다고 하는 것이 맞을 것 같다. 그녀는 종종 고개를 숙인 채 말했다. 원고를 읽는 듯했지만 실은 천에 자수를 놓는 것이었다. 그녀는 나치에게 당한 잔혹한 경험들을 전한 다음, 탁자 밑에서 수놓은 자수를 들어 올렸다. 여러 색실들이 뒤얽혀 있어서 무늬를 알아보기 힘든 자수의 뒷면을 보여주며 그녀는 다음과 같이 말했다.

"우리는 이런 식으로 인생을 봅니다. 그래서 때로는 인생이 아무 의미도 없어 보이지요."

그런 다음 완성한 앞면을 보여주며 결론을 지었다.

"이것이 하나님께서 여러분의 인생을 보시는 방법입니다. 그리고 어느 날 우리는 하나님의 관점으로 우리 인생을 보는 특권을 지니게 될 것입니다."

영원의 관점으로 과거를 '나중에 상상하기' 하는 것은 천국에서 느끼는 큰 기쁨 중에 하나가 될 것이다. 천국에서는 우리의 과거가 한눈에 완벽하게 보일 것이다. 모든 것들을 이해하며, 잊어야 할 일들을 더 이상 기억하지 않고, 기억해야 할 일들을 더 이상 잊지 않게 될 것이다. 영화롭게 된 우리의 몸은 영화롭게 된 정신을 포함할 것이다. 그리고 영화롭게 된 우리의 정신은 영화롭게 된 상상과 이후의 모든 상상들을 포함할 것이다. 질병이나 부상으로 기억을 상실한 사람들에게는 정말 감격적인 순간이 될 것이다. 자신이 누구이며 누구를 사랑했는지 기억할 것이다. 그리고 가장 중요한 사실, 하나님의 신실하심이 영광의 빛을 발하며 드러날 것이다.

코리 텐 붐 여사는 이야기를 마칠 때 종종 무명의 시인이 쓴 시를 인용했다. 강연을 할 때마다 수놓은 자수를 시적인 언어로 설명하는 그런 시였다. 그 시는 일종의 설명양식의 기능을 하고 있었다.

내 인생은 하나님과 나 사이의 천짜기일 뿐이다.
실 색깔이 내 마음에 들지 않아도, 하나님께서는 착실하게 일하신다.
하나님은 종종 슬퍼하며 짜시고, 나는 어리석게도 교만을 떨며 짠다.
나는 하나님이 앞면을 보시고 내가 뒷면을 본다는 사실을 망각한다.
베틀이 조용해지고 베틀 북이 왔다 갔다 하기를 그칠 때
비로소 하나님께서 천을 펼치시고 이유를 설명하실 것이다.
위대하신 직공께서 계획하신 무늬에 금은 색실이 필요하듯
그분의 솜씨 좋은 손안에서는 어두운 색의 실도 필요하다.

영혼의 지문은 사명이라는 앞면과 정체성이라는 뒷면, 이렇게 두 면을 가지고 있다. 그렇다면 인생을 나타내는 상징물들은? 무늬를 짜는 씨줄과 날줄이다. 정체성과 사명을 연결하는 실이며, 결정적

인 순간들을 표시하는 색깔이다. 우리의 경험에 대해 설명할 수 있도록 도와주는 틀이다. 우리를 단련하고 정의하는 베틀 북이다. 만일 우리가 우리 자신을 베틀 위에 올려두기만 하면 하나님은 걸작을 짜실 것이다.

과거는 중요하다. 그래서 기억에 남는 일들을 기념하는 기념물들, 곧 인생을 나타내는 상징물들을 만드는 것이 중요하다. 우리가 누구이 며 누가 되어가는 중인지를 형성하는 주요 사건들을 기억하는 것도 중요하다. 하나님께서는 우리가 기억해야 할 것들을 올바로 선택할 수 있도록 우리를 도우실 것이며, 그것에 올바른 의미를 부여할 수 있도록 가르치실 것이다. 그러면 우리의 인생을 나타내는 상징물들 이 우리의 정체성과 우리를 향한 하나님의 계획을 서로 연결하는 강 력한 수단이 될 것이다.

당신의 인생에서 몇 가지 결정적 순간들을 떠올릴 수 있는 상징물들이나 기념물 들이 있다면 어떤 것인가?

SCENE 3

진실성 테스트

하나님은 내가 어떤 사람이 되느냐를 중요하게 여기신다

그리 한 후에 사울의 옷자락 벰으로 말미암아 다윗의 마
음이 찔려 _삼상 24:5

스물두 살 때였다. 나는 내가 살아온 시간보다 더 오랜 세월 동안 사역하고 있는 목회자들에게 둘러싸여 있었다. 불안한 마음으로 의자에 앉아 신학적인 질문 공세에 대비하던 그날은 바로 목사 안수를 받기 위한 면접이 있는 날이었다.

나는 솔직히 종말론에 대해 질문해주기를 바라고 있었다. 예수님이 언제 다시 오실지 이제 막 이해하고 잘 알았기 때문이다. 또 칼빈주의(Calvinism)와 알미니안주의(Arminianism)의 해묵은 긴장을 해결하기 직전의 상태에 있다고 생각했다. 모든 질문에 대답할 준비가 되어 있었다. 어떤 분이 던진 첫 번째 질문만 빼고 말이다.

"당신을 한 단어로 표현한다면 뭐라고 하시겠습니까?"

그 후 이 질문은 내가 매우 좋아하는 질문 중에 하나가 되었다.

그 질문이 누군가의 영혼의 지문을 잠깐이라도 볼 수 있는 대단히 좋은 방법이기 때문이다.

성경에 대한 질문이 아니라 설마 나에 대해 물을 거라고는 전혀 예상하지 못했다. 나는 성경을 알고 있었다. 그러면 나에 대해서는? 아무것도 몰랐다. 그런데 그 순간 어떤 단어가 떠올랐다. 내가 그 단어를 말했을 때 면접관들이 깜짝 놀랄 거라고 확신했다. 사실 내 대답을 듣고 면접을 끝낼지도 모른다고 생각했다. 어쩌면 내가 제출한 추천서도 확인하지 않고 바로 목회자 자격증명서를 줄지도 모른다고 생각했다.

나는 대답했다.

"driven. (의욕이 넘칩니다)"

당시 나는 그렇게 대답한 것이 무척 자랑스러웠다. 그러나 지금은 그다지 자랑스럽지 않다. 교회를 이끌어나갈수록 그것이 얼마나 성화되지 못하고 건강하지 못한 대답이었는지 더 분명히 깨닫고 있기 때문이다. 부끄럽게도 당시 사역에 대한 나의 꿈은 서른 살 무렵에 1천 명 규모의 교회를 목회하는 것이었다. 물론 교회를 성장시키고 싶어 하는 것은 잘못이 아니다. 교회를 세우신 예수님도 그 누구보다 교회의 성장을 원하신다. 다만 내 문제는 잘못된 이유를 가지고 옳은 것을 바랐다는 데 있었다. 내 꿈은 예수님의 교회를 세우는 일보다 내 자아를 세우는 일에, 예수님의 이름을 드높이기보다 내 이름을 높이는 일에 더 관계가 있었다. 솔직히 나는 사람들보다 사람들 숫자에 더 많은 신경을 쓰고 있었다.

목회자 초기에 내가 느꼈던 그 거룩하지 못한 의욕 과잉이 사역에만 독특하게 나타난 것은 아니었다. 모든 직업에는 나름의 사다리가 있다. 그러나 사람들을 딛고 정상에 오르면 지독한 외로움을 맛볼 것이다. 물론 사다리의 가로대를 건너뛰면 더 빨리 정상에 오를 수도 있을 것이다. 그러나 추락할 가능성은 더 높아진다. 진실성(integrity)이 없다면 사다리를 기댈 곳도 없다. 즉, 당신을 향한 하나님의 계획을 이룰 수가 없다. 진실성이 바로 하나님의 계획이기 때문이다.

그 후 15년 이상이 지났다. 그러나 나는 지금도 여전히 성화되지 못한 동기들(unsanctified motives)과 씨름한다. 현재의 나는 그때의 나만큼이나 불완전하다. 하지만 지금 나는 이런 나의 모습을 그때보다 훨씬 더 분명히 깨닫고 인정한다. 귀한 교훈도 배웠다. 우리가 목표로 여기는 일이 실상은 목표가 아니라는 것이다. 우리의 목표는 하나님이 주신 꿈을 이루는 것이 아니다. 꿈은 부차적인 문제이다. 정말 중요한 것은 그 꿈을 이루는 과정에서 어떤 사람이 되느냐 하는 것이다. 우리는 '언제', '어디서', '무엇'에 대해 집중한다. 그러나 하나님께서는 우리가 어떤 사람이 되는지에 항상 관심을 갖고 계신다. 따라서 우리가 그분이 바라시는 모습의 사람이 될 때 비로소 그분이 원하시는 그곳으로 우리를 인도하실 것이다.

✛ 그늘을 찾아라

하나님께서 우리의 꿈을 영광된 모습으로 부활시키시도록 때때로 우리는 하나님이 주신 꿈에 대하여 죽어야 한다. 이때 영광된 모습은 오직 하나님의 영광을 위해 꿈을 좇는 것이다. 자신의 이기적인 목적을 위해 살아서는 안 된다. 그럴 때 압박감이 사라지고 우리를 향한 하나님의 계획이 뚜렷해진다.

우리는 기회를 만들어내기 위해 정말 열심히 노력한다. 그러나 인간이 노력해서 만들어낸 것에는 하나님의 보증서가 없다. 사람들에게 좋은 인상을 주기 위해 애쓴다. 그러나 그런 시도는 결코 인상적이지 않다. 오히려 그런 노력을 전혀 하지 않는 사람이야말로 사람들에게 강렬한 인상을 남긴다. 요즘에는 그것이 인상적인 시대이다. 기회를 만들어내거나 사람들에게 좋은 인상을 주기 위한 시도는 나 자신이 죽기보다 나를 영화롭게 하려는 성화되지 못한 자아(unsanctified ego)에서 나오는 부산물에 불과하다. 우리는 나의 죽음을 체험해야 한다. 그래야 비로소 가장 참되고 온전한 의미에서 살아난다.

의욕이 충만하던 그 시절, 나는 연설할 수 있는 기회를 몹시 탐냈다. 그리고 그 욕심을 소명이라고 여겼다. 사실 나는 기회를 만들어내기 위해서 온 힘을 다해 노력했다. 연단에 서고 싶었다. 조명 받고 싶었다. 그러나 다시 한번 말하지만 나는 여러 가지 잘못된 이유로 그런 일들을 원했다. 그렇기 때문에 예수 그리스도께서는 나의 욕심을 반복해서 십자가에 못 박으셔야만 했다. 그런데 하나님께서 나의 동기를 정결하게 하시고, 나 또한 더 이상 기회를 찾아내려고 하지 않게 되었을 때 오히려 그런 기회들이 찾아오기 시작했다.

최근에 나는 리더십 컨퍼런스에서 몇 차례 특강을 한 적이 있었다. 그리고 그 기간에 우연히 애틀랜타 주 패션시티교회(Passion City Church)의 목회자이자 패션 운동(Passion Movement)의 창립자인 루이 기글리오(Louie Giglio) 목사와 짝을 이뤄 강사로 나서게 되었다. 나에게는 12분의 시간이, 그에게는 30분의 시간이 주어졌다. 각자에게 적절한 시간이 주어진 것이다. 루이 목사는 내가 매우 좋아하는 강사들 중 한 사람이었고, 그래서 그의 강연을 듣게 된 것이 기대되기도 했다. 그러나 바로 이런 상황에서 참된 동기가 시험대에 오른다. 만일 이것을 비교하면, 다른 사람들이 잘 나갈수록 자신이 더 못나 보이고, 다른 사람들이 못할수록 자신이 더 잘나 보일 것이다.

컨퍼런스에서 루이 목사님과 앉아 있을 때였다. 갑자기 불안함과 미숙함으로 가득했던 젊은 목회자 시절의 기억이 떠올랐다. 그 당시 나는 내가 초청한 외부 강사들의 말씀을 들으며 모순된 반응을 보이곤 했다. 어찌 됐든 내가 말씀을 전해달라고 우리 교회 강단을 내어준 것이기 때문에 그들이 잘하기를 바라는 한편, 솔직히 그들이 너무 잘하기를 바라지 않는 마음도 있었다. 왜? 내가 초라해 보일 것 같았기 때문이다. 나는 다른 누군가의 그늘에 가려 살고 싶지 않았다. 집중 조명을 받고 싶었다.

루이 목사님이 말씀을 전할 때 내게 성령님의 세미한 음성이 들려왔다.

"그늘을 찾아라!"

나는 즉시 이 문장을 수첩에 적어두었다.

우리는 아침 햇살을 흠뻑 받기 위해 동쪽으로 고개를 돌린 해바라기가 된 것처럼 사람들의 칭찬에 목말라한다. 마땅히 받아야 한다고 생각하는 칭찬을 조금도 남김없이 다 받고 싶어 한다. 그러나 사람들에게 존경받으려고 하면 절대 존경받지 못한다. 다른 사람들을 존경해야 존경받을 수 있다. 예수님은 제자들에게 "높은 자리에 앉지 말라"(눅 14:8)고 하시면서 가장 낮은 자리에 앉도록 도전하셨다. 그럼에도 불구하고 제자들은 서로 비교하며 물었다.

"우리 중에 누가 가장 큰가?"(눅 22:24 참조)

우리는 우리의 지위를 알고 싶어 한다. 그러나 예수님은 단 한 번도 자신의 지위를 이용하신 적이 없다. 오직 그분의 발자취를 따라 서로의 발을 씻기라고 도전하실 뿐이다. 이것은 전적으로 그늘을 찾는 일과 관계가 있다. 만일 당신이 칭찬이나 주목받을 기회를 찾고 있지 않다면, 실제로 칭찬이나 주목받지 못할 일들을 할 기회를 찾는 중이라면, 그것은 사람들의 박수를 갈망하며 살고 있지 않다는 사실을 입증하는 것이다. 못 자국이 선명한 예수님의 손, 그분의 박수를 갈망하며 살아가고 있는 것이다.

우리는 대부분 누군가가 자신을 지켜보지 않을 때까지 기다린 다음 죄를 짓거나, 누군가가 자신을 지켜볼 때까지 기다린 다음 선한 일을 한다. 그러나 이것은 인간의 본성이 아니다. 우리의 죄 된 본성이다. 자신을 영화롭게 하려는 성화되지 못한 욕구이다. 어쩌면 이해하기 어려울지도 모르겠지만, 우리는 다른 사람의 생각에 관계없이 그에게 진정으로 관심을 가질 수 있다. 다른 사람들이 자신에 대해 하는 말과 관련해서 자신을 십자가에 못 박으라. 그럴 때 비로소 그들을 올바로 도울 수 있는 것이다. 다른 사람들에 대해서 죽어야 한다. 그리고 자신의 주장과 지지도와 평판에 대해서도 죽어야 할 것이다.

내가 정말 간절히 바라는 것이 있다면, 사람들 앞에 섰을 때보다 혼자 있을 때 더 나은 사람이 되는 것이다. 아직 여기까지 이르지 못했지만, 그것이 목표이다. 나를 가장 잘 아는 사람들에게 가장 존경받고 싶다. 이 테스트는 결코 밝은 곳에서 치러지지 않을 것이다. 다윗이 그랬던 것처럼 항상 어두컴컴한 그늘에서 치러질 것이다.

✦ 들염소 바위

다윗이 들염소 바위에 숨어 있다. 다윗은 도망자 신세였다. 장인인 사울 왕이 그를 죽이려고 했다. 다윗은 자신의 신부를 데리고 결혼식장으로 들어섰던 바로 그 사람으로부터 쫓기고 있었다.

> 길가 양의 우리에 이른즉 굴이 있는지라
> 사울이 뒤를 보러 들어가니라
> 다윗과 그의 사람들이 그 굴 깊은 곳에 있더니
> 다윗의 사람들이 이르되
> 보소서 여호와께서 당신에게 이르시기를
> 내가 원수를 네 손에 넘기리니
> 네 생각에 좋은 대로 그에게 행하라 하시더니
> 이것이 그 날이니이다 하니

다윗이 일어나서 사울의 겉옷 자락을 가만히 베니라

삼상 24:3,4

다윗과 그를 따르는 무리들이 동굴 깊숙한 곳에 있을 때였다. 사울이 동굴에 나타났다. 아마 이 장면에서 브로드웨이의 깐깐한 연극 비평가들조차 배꼽을 잡고 웃었을 것이다. 왜냐하면 사울이 '볼일을 보려고'(relieve) 동굴 안으로 들어왔기 때문이다. 그러나 사울은 자신 옆에 다윗이 있었다는 사실을 몰랐다! 이럴 때 신학교에서 받은 훈련이 유용하다. 나는 히브리어를 파고들어가며 질문했다.

"이 구절에서 '볼일을 보다'라는 단어가 실제로 무슨 뜻이지? 큰 건가? 작은 건가? 그렇다면 이 단락에서 그게 무슨 뜻을 암시하는 걸까? 학자들의 공통된 견해가 뭐지?"

사울이 동굴에서 보낸 시간이나 내 개인적인 경험에 비추어봤을 때, 나는 그것이 대변이라고 생각했다. 왜? 다윗이 사울의 겉옷자락을 벨 만한 시간이 있었기 때문이다. 만일 소변이었다면 다윗이 그런 기습적인 행동을 할 만한 시간이 없었을 것이다. 또 나는 소변이냐 대변이냐 하는 문제가 우리가 깨달을 수 있는 것보다 훨씬 더 큰 영적 중요성을 지닌다고 생각한다. 만약 사울이 소변을 보러 온 것이라면, 다윗은 뭘 해야 할지 생각할 시간이 그리 많지 않았을 것이다. 반면에 대변을 보러 온 것이라면, 다윗의 진실성(integrity)이 훨씬 더 인상적으로 드러난다. 다윗은 사울을 죽일 수 있는 시간적 여유가 있었다. 다윗이 순간의 유혹을 거부한 것이 아니라는 말이다. 그는 사울을 죽이는 것에 대해 충분히 생각하고 행동에 옮길 만한 시간이 있었다. 다윗은 신중했다. 어쩌면 다윗에게 그 시간은 영원처럼 느껴졌을 것이다.

'사울 왕을 죽이고 마땅히 내 자리인 왕좌를 차지할까? 아니면 평생 다시 없을 이 기회를 놓치고 계속 도망자로 살아갈까?'

다윗과 함께 있던 무리들은 그것이 분명 하나님이 주신 기회라고 여겼다. 그러나 하나님이 주신 것처럼 보이거나 느껴진다고 해서 그것이 반드시 하나님이 주신 기회라고는 할 수 없다. 아무리 절친한 친구가 인정해도, 천재일우의 기회처럼 보이더라도 마찬가지다. 그 기회를 잡기 위해 진실성을 더럽혀야 한다면 그것은 기회가 아니다. 일자리를 얻기 위해 이력서를 허위로 작성하거나 면접을 볼 때 면접관이 꼭 알아야 할 정보를 숨긴다면 그는 그 자리를 얻을 가치가 없다. 그렇게 해서 일자리를 얻는다고 해도 일을 하는 동안에도 계속해서 진실성을 더럽히게 될 것이다. 그러나 처음부터 정직하게 나간다면, 고용주가 당신의 진실성에 감명을 받아 당신을 존중하고 고용하든지, 아니면 고용하지 않더라도 다른 호의를 베풀 것이다.

내셔널커뮤니티교회를 개척할 때 아주 좋은 기회로 보이는 제안을 받은 적이 있다. 어떤 교회가 우리 교회와 합병할 의향이 있는지 의사를 물어온 것이다. 그 교회는 매우 어려운 문제들을 가지고 있었지만, 반면에 부채가 전혀 없는 1천2백만 달러 가치의 시설을 보유하고 있었다. 그때 나는 1천2백만 달러의 대가로 약간의 문제를 감당하는 것도 괜찮다고 생각했다. 그러나 그것은 옳지 못한 이유였다. 그 기회를 잡으려면 우리 교회가 보유한 진실성을 더럽히게 되고, 그렇게 될 때 정말 부끄러워지는 것은 기회 그 자체가 된다.

돌이켜보면 당시 합병을 추진하지 않은 것은 정말 잘한 일이다. 만약 합병했다면 우리 교회의 DNA가 다 파괴되었을 것이다. 우리의 진실성 또한 파괴되었을 것이다. 당시 우리는 거액의 가치를 지닌 부동산을 외면하기 어려웠다. 특히 국회의사당 근처에 위치한 그 교회의 부지가 평당 1만 달러 이상이라는 사실을 생각할 때 더 그랬다. 그러나 합병을 거부하는 것이 옳았다. 그 기회는 기회가 아니었다. 그 기회를 잡았다면 교회의 진실성마저 다 파괴되었을지 모른다.

모든 사람들의 진실성이 시험대에 오르는 순간이 있다. 그 시험은 평생의 테스트 중에서도 가장 중요하다. 어쩌면 그 순간 지름길을 택하고 싶은 유혹을 느낄 수도 있을 것이다. 그러나 그때 지름길을 선택한다면 그 선택이 하나님의 장기적인 계획에 방해가 될 것이다. 지름길로 가지 말라. 기회처럼 보이는 것을 버리고 진실성을 지켜라.

동굴에 은신하고 있던 다윗으로부터 불과 몇 미터밖에 떨어져 있
지 않은 곳에 이스라엘 왕이 있었다. 다윗이 칼로 사울의 등을 찌르
기만 하면 되었다. 하나님께서 정해주신 기회처럼 보이는 순간이었
다. 그러나 평소와 다른 독특한 상황을 근거로 하나님의 뜻을 판단
해서는 안 된다. 결코 목적이 수단을 정당화시켜 주지 못한다.

다윗은 사울이 하나님의 기름부음 받은 왕이요 하나님이 임명하
신 왕이라는 것을 알고 있었다. 그런 왕을 살해하는 행위는 율법에
어긋나는 일이었다. 사울을 왕위에 앉힌 분은 하나님이셨다. 따라
서 그를 끌어내릴 수 있는 분도 하나님이셨다. 다윗은 독자적으로
문제를 처리하지 않았다. 만일 그렇게 하지 않았다면 그의 지문이
여기저기 남았을 것이다. 우리가 어떤 문제들에 지문을 남긴다는
것은, 우리가 그 문제를 전능하신 하나님의 손에 맡기지 않고 독자
적으로 처리하고 있다는 것을 의미한다.

나는 내 인생의 결정적 순간들을 돌아보며 내 지문을 찾으려고
애썼다. 그리고 그렇게 했을 때 나의 지문이 보이지 않는 순간들이
가장 위대한 순간들이었다는 것을 깨달았다. 그 순간에는 하나님
의 지문만 보인다.

⁺영웅적 진실성

> 그리 한 후에 사울의 옷자락 벰으로 말미암아
>
> 다윗의 마음이 찔려 자기 사람들에게 이르되
>
> 내가 손을 들어 여호와의 기름부음을 받은
>
> 내 주를 치는 것은 여호와께서 금하시는 것이니
>
> 그는 여호와의 기름부음을 받은 자가 됨이니라 하고
>
> 다윗이 이 말로 자기 사람들을 금하여
>
> 사울을 해하지 못하게 하니라
>
> 사울이 일어나 굴에서 나가 자기 길을 가니라
>
> 삼상 24:5-7

다윗이 슬그머니 사울에게 다가가 그의 옷자락을 베었다. 인상적인 장면이다. 당신은 어떨지 모르겠는데, 나는 화장실에 앉아 있으면 의식이 높아지는 경향이 있다. 다시 말해 폐쇄된 공간에서 누군가와 함께 있을 때 그 사람에게 몰래 다가간다는 것은 보통 능력이 아니라는 말이다. 그렇다면 다윗을 따르던 무리들에게 마땅히 찬사를 보내야 하지 않을까? 내가 아는 한 남자들은 아무리 나이가 들어도 시시한 유머에 배꼽을 잡는다. 그런데 어떻게 사울 왕이 크게 방귀를 뀌었는데도 웃음을 터뜨리지 않을 수 있었을까. 정말

기적에 가까운 일이다. 단 한 사람도 킥킥거리지 않고 침묵을 지켰다니, 이것은 아직 풀리지 않은 성경의 수수께끼 중 하나다.

사울 왕의 옷자락을 벤 행동은 대단한 공적이었다. 내가 다윗이라면 자화자찬했을지도 모른다. 그러나 다윗은 오히려 사울의 겉옷자락을 벤 자신의 행동을 자책했다. 정말인가? 사울은 자신을 죽이기 위해 추적 중인데, 고작 그의 옷자락을 조금 베었다고 양심에 찔린다고?

다윗은 전쟁으로 단련된 전사였지만, 그의 양심은 성령께서 깨우쳐주시는 죄에 여전히 민감하게 반응하고 있었다. 다윗은 불의한 일들을 겪었음에도 불구하고 죄에 대해 둔감해지지 않았다. 오히려 그로 인해 마음을 부드럽게 하여 양심을 조정했다. 그렇게 할 때 그릇된 일을 하지 않도록 막아주고 옳은 일을 하도록 자극해주었다. "양심이 시키는 대로 하라!"는 격언이 있다. 이처럼 양심은 영적 내비게이션과 같아서 옳지 못한 무언가를 할 때 옳은(right) 방향, 의로운(righteous) 방향으로 돌아갈 수 있도록 자극해준다. 미세하게 조정된 양심은 우리가 다음번에 우회전할지 좌회전할지 알려주는 내비게이션처럼 우리를 향한 하나님의 계획으로 안내한다.

어찌 보면 다윗은 사울을 죽이는 일을 정당화할 수 있었다. 정당방위 요건을 갖출 수도 있었다. 다윗이 사울을 죽이고 왕이 된 다음 판사들을 임명한다면 더 그랬을 것이다. 다윗이 대변을 보고 있던 사울을 죽였다면 화장실에 갈 때마다 고개를 돌려 주변을 살폈을 것이다. 보통 이전의 왕을 살해하고 왕위에 오른 대부분의 왕들이 똑같은 방식으로 살해당하는 최후를 맞이하지 않는가. 이것이 바로 진실성을 더럽힐 때 일어나는 일들이다. 진실성을 더럽히면 언제나 뒤를 살펴야 한다. 앞을 바라보며 모든 에너지를 집중하는 대신 뒤를 살피느라 에너지를 낭비하게 된다. 자신이 한 일들을 감추어야 하기 때문에 목표 지점에 초점을 맞추지 못하는 것이다.

이 순간이 다윗을 향한 하나님의 계획이 결정되는 순간이었다. 골리앗을 무찔렀을 때와 순위를 다툴 만큼 중요한 순간이다. 다윗이 골리앗과 싸울 때 영웅적인 용기가 필요했다면, 그가 사울을 죽이지 않는 데는 영웅적인 진실성이 필요했다. 사실 사울을 죽이지 않는 것이 골리앗을 죽이는 것보다 더 어려웠을 것이다. 골리앗을 죽이는 것은 능력(power)에서 나온 행동이었지만, 사울을 죽이지 않은 것은 의지력(willpower)에서 나오는 행동이었기 때문이다. 그 의지력이야말로 가장 순수한 형태의 능력일지도 모른다.

✚ 의지력

신약성경에서는 두 가지 유형으로 '능력'을 구분한다. 첫째 '두나

미스'는 초자연적인 능력을 말하며, 둘째 '엑소시아'는 어떤 일을 할 수 있는 힘이 있어도 하지 않는 의지력을 뜻한다. 이 두 종류의 능력을 보여주는 최고의 본보기가 바로 예수님의 십자가이다. 성경은 아무도 예수님의 생명을 앗아가지 못한다고 명백히 말한다. 그러나 예수님은 요한복음 10장에서 자기 목숨을 스스로 버린다고 네 차례나 말씀하셨다.

"이를 내게서 빼앗는 자가 있는 것이 아니라 내가 스스로 버리노라 나는 버릴 권세도 있고 다시 얻을 권세도 있으니"(요 10:18).

이때 '권세'라는 헬라어가 '엑소시아'이다. 예수님은 앉은뱅이가 걷고 벙어리가 말할 수 있게 하셨다. 병자들을 고치셨고 죽은 자들을 살리셨다. 나는 이런 예수님의 '두나미스'에 감동한다. 그러나 나는 예수님의 '엑소시아'에 훨씬 더 크게 감동한다. 내 인생을 변화시킨 것도 예수님이 하실 수 있었던 일보다 예수님이 하실 수 있었지만 하지 않기로 선택하신 일이었다.

예수님은 대제사장과 백성의 장로들이 보낸 무리에게 체포당하시기 전에 베드로에게 이렇게 말씀하셨다.

"너는 내가 내 아버지께 구하여 지금 열두 군단 더 되는 천사를 보내시게 할 수 없는 줄로 아느냐"(마 26:53).

예수님께서 한 번만 기도하면 천사들의 도움을 받아 십자가의 고난을 면하실 수 있었다. 구속의 사명을 이루지 않으셔도 되었다.

군단은 로마 군대에서도 가장 큰 편성 단위로, 한 군단이 6천 명의 병사로 구성되어 있다. 그러니 열두 군단이면 7만2천의 천사들을 마음대로 부릴 수 있었다는 얘기다. 아니, 어쩌면 천사 하나로도 충분했을 것이다.

그러나 예수님은 '두나미스'를 거부하시고 '엑소시아'를 선택하셨다. 사람들이 자신을 조롱하도록 내버려두셨다. 자신의 얼굴에 침을 뱉도록 내버려두셨다. 머리에 가시관을 씌우도록 내버려두셨다. 십자가에 못 박도록 내버려두셨다. 이것은 단순한 사랑이 아니다. 단순한 능력도 아니다. 의지력이다. 예수님을 십자가에 매달았던 것은 로마제국의 권력이 아니라 예수님의 '엑소시아'였다. 그리고 그것은 예수님의 육신의 조상 다윗이 발휘한 동일한 의지력이었다.

다윗이 사울의 목숨을 빼앗고 싶은 유혹을 거부한 것은 다윗 인생의 결정적 결심이었다. 마치 다윗이 진실성을 고집하다가 천금 같은 기회를 놓친 것 같다. 오히려 자신의 것을 빼앗기고, 하나님이 기름부으신 것마저 빼앗기는 것처럼 보인다. 그러나 진실성은 지름길을 선택하거나 원칙을 무시하지 않는 것이다.

진실성은 매력적이지 않다. 요즘 문화에서 칭송할 만한 것도 아니다. 솔직히 멸종 위기에 있는 덕목처럼 보인다. 그러나 진실성이야말로 다른 모든 미덕들을 결합하는 접착제다. 진실성이 없으면 우리 인생의 모든 것이 무너진다. 여기에는 우리를 향한 하나님의 계획도 포함된다. 진실성이 없으면 하나님의 계획을 절대 이루지 못할 것이다.

다윗은 진실성 테스트를 받았고 그 테스트를 우수한 성적으로 통과했다. 사실 그는 독자적으로 문제를 처리할 필요가 없었다. 오히려 자신이 독자적으로 문제를 처리할 의사가 없다는 사실을 입증해야 했다. 그는 동굴에 숨어 있을 때조차 하나님을 신뢰한다는 사실을 하나님께 증명해야 했다. 하나님께서 사울이 왕좌에 있을 때 다윗이 옳은 일을 할 거라고 믿으신다면, 다윗이 왕좌에 올랐을 때에도 옳은 일을 하리라 믿으실 테니 말이다.

아무도 지켜보지 않을 때조차 옳은 일을 하는 태도, 그것이 바로 진실성의 정의다. 그랬다. 아무도 지켜보고 있지 않았다. 다윗은 인적 끊긴 동굴 속에 숨어 있었다. 들염소 바위보다 더 멀리 문명으로부터 떨어진 곳이 있을까. 어쩌면 그렇기 때문에 사울을 죽이고 싶은 다윗의 유혹이 점점 더 커졌을지 모른다. 집에서 멀리 떨어질수록 진실성을 온전히 지키기가 더 어려워지기 때문이다. 그래서 출장, 해외여행, 대학에 입학한 자녀의 독립 등의 상황에서 더 위험해지는 것이다.

사람들로부터 멀리 떨어져 있을 때 사람들의 눈에 띄지 않는다고 느끼기 때문이다. 그래서 책임감 없이 좀 더 쉽게 죄에 물들게 된다. 만일 다윗이 사울을 죽였다면, 나는 그 사실을 은폐할 수 있는 방법에 대해 여섯 가지나 생각해낼 수 있다. 다윗이 사울을 죽였다 해도 분명히 아무도 몰랐을 것이다. 그 누구에게도 들키지 않았을 것이다. 그러나 다윗은 모든 것을 꿰뚫어 보시는 눈이 자기를 지켜보고 계신다는 사실을 알고 있었다.

✢ 권세의 우산

왕이 나를 죽이려고 추적해왔지만

나는 왕에게 죄를 짓지 않았습니다.

여호와께서 우리 사이를 판단하시기를 바랍니다.

여호와께서는 왕이 나에게 하려는

일에 대해서 왕을 징벌하시겠지만,

나는 절대 왕을 해하지 않을 것입니다.

…그러므로 여호와께서 우리 가운데

누가 옳은지 판단하시고

죄지은 자를 징벌하시기를 바랍니다.

여호와는 나의 옹호자이십니다.

그리고 나를 왕의 힘에서 건져주실 것입니다.

삼상 24:11,12,15, NLT 역자 사역

양심을 어기면 우리의 평판이 나빠진다. 뿐만 아니라 하나님의 뜻에서 멀어지기 때문에 우리를 우리 자신의 옹호자(advocate)로 삼게 된다. 그러나 우리가 성령과 성경을 통해 미세하게 조정된 양심의 경계선 안에 살면서 하나님께 순종하는데도 그렇다면, 그때는 하나님의 명성마저 위태로워진다. 그러나 다윗이 경험했던 것처럼 순종하는 삶을 살면 하나님께서 우리의 옹호자가 되어주신다. 이것은 순종에 관한 문제이다. 내가 나의 옹호자가 되기를 원하는가, 아니면 전능하신 하나님께서 나를 옹호해주시기를 원하는가?

우리가 진실성을 가지고 하나님의 권세에 우리 인생을 맡길 때 우리는 그분이 보호하시는 권세의 우산 아래 들어가게 된다. 그 권세의 우산이 우리를 보호해주고 초자연적인 보호막을 공급해줄 뿐만 아니라 모든 중압감을 없애준다.

십일조를 바치면 수입의 10퍼센트를 잃기 때문에 금전적 압박이 심해질 것이라고 믿는 사람들이 있다. 그러나 그렇지 않다. 십일조를 바치면 오히려 금전적 압박이 없어진다. 하나님이 재정을 책임져주시기 때문에 스스로 재정 문제를 책임지지 않아도 되는 것이다. 하나님께서는 당신이 100퍼센트의 수입으로 할 수 있는 것보다 90퍼센트의 수입으로 훨씬 더 많은 일을 하실 수 있는 능력이 있으시다.

십일조를 드리는 일은 진실성에서 나오는 행동이다. 십일조는 재정 문제에 대한 초자연적인 보호막 역할을 한다. 따라서 우리가 정말 두려워해야 할 것은 하나님의 권세의 우산 밖에서 살아가는 삶이다. 하나님이 우리의 옹호자가 되신다는 것을 알게 되면 거룩한 확신으로 더 충만해진다. 그러면 인생의 모든 문제를 독자적으로 처리하지 않아도 된다. 그 문제가 전능하신 하나님의 손안에 있기 때문이다. 그럴 때 우리는 우리를 저주하는 사람들을 축복하고, 박해하는 사람들을 위해 기도하고, 원수를 사랑하게 된다. 왜? 하나님이 당신의 옹호자라는 사실을 알기 때문이다.

나는 직장 상사를 좋아하지 않는 사람들을 많이 알고 있다. 어떤 사람들은 직장 상사에 대한 반감을 정당화하기도 한다. 그러나 그런 반감의 씨앗이 당신 안에 뿌리내리게 두면 당신은 직장 상사를 집까지 데리고 온다. 휴가를 떠나도 직장 상사를 데리고 간다. 회사에서만 상사로 모시는 것이 아니라 모든 곳에서 언제나 상사로 모신다. 우리는 다른 사람들이 우리를 건강하지 않은 방식, 거룩하지 못한 방식으로 다루는 문제에 지나치게 많은 정서적 에너지를 낭비하곤 한다. 어떤 식으로? 그들이 우리를 대하는 방식 그대로 우리도 그들을 대하는 것이다.

다윗을 보라. 그는 사울의 수준으로 내려가지 않았다. 이것이 진실성이다. 진실성은 다른 사람들의 행동에 따라서 반응하는 삶을 받아들이지 않는다. 이런 태도는 하나님의 능력을 믿지 않는 최악의 상황윤리이다. 만일 다윗이 동굴에서 사울을 죽였다면 다윗은 그를 영원히 왕으로 모시고 살았을 것이다.

직장 상사, 배우자, 친구, 교수, 코치, 룸메이트, 직장 동료에게 휘둘리지 말라. 당신이 당신 자신을 통제해야 한다. 당신의 직장 상사가 당신을 죽이기 위해 들짐승처럼 당신을 추적하는 중이라도 당신은 당신을 통제해야 한다. 다른 사람들이 거짓말한다고 해서 당신도 거짓말을 해서는 안 된다. 다른 사람들이 뒤에서 남을 욕한다고 해서 당신도 남을 욕해서는 안 된다. 다른 사람들이 시험 볼 때 모두 커닝한다고 해도 당신은 커닝하지 말라. 다른 사람들이 부정적으로 생각한다고 해서 당신까지 부정적으로 생각하지 말라.

자신의 진실성의 수준을 다른 사람들의 수준으로 낮추지 말라. 오히려 그들의 진실성의 수준을 높이기 위해 힘써라. 진실성을 타협하지 않을 때 함께 일하는 사람들로부터 존경받을 수 있는 기회를 얻게 될 것이다. 다윗의 경우가 그랬다.

사울이 다윗에게 한 말을 살펴보자.

다윗에게 이르되 나는 너를 학대하되

너는 나를 선대하니 너는 나보다 의롭도다…

사람이 그의 원수를 만나면 그를 평안히 가게 하겠느냐

네가 오늘 내게 행한 일로 말미암아

여호와께서 네게 선으로 갚으시기를 원하노라

보라 나는 네가 반드시 왕이 될 것을 알고

이스라엘 나라가 네 손에 견고히 설 것을 아노니

삼상 24:17,19,20

성경에는 어떤 가혹한 상황에서도 진실성을 더럽히지 않고자 한 사람들의 이야기들로 가득하다. 그들의 고집스러운 태도가 종종 이적의 발판이 되기도 했다. 사드락과 메삭과 아벳느고가 27미터 높이의 우상에게 절하며 진실성을 더럽혔다면 어땠을까? 물론 맹렬히 타는 풀무불에 던져지지 않았을 테고, 그러면 하나님께서 그들을 건져내시는 이적을 체험하지도 못했을 것이다. 진실성을 지키고자 하는 고집스러운 태도가 위험해 보일 수도 있다. 하지만 그런 고집스러움이 정반대의 결과를 낳았다. 오히려 진실성을 더럽히는 행동이 위험하다. 진실성을 더럽힐 경우 위대하신 우리의 옹호자가 우리를 위해 일하실 수 없기 때문이다. 사드락과 메삭과 아벳느고는 진실성을 지킨 덕분에 풀무불에서 구출되었다.

그런데 그 이야기에서 내가 가장 좋아하는 대목이 있다.

"머리털도 그을리지 아니하였고 겉옷 빛도 변하지 아니하였고 불 탄 냄새도 없었더라"(단 3:27).

진실성을 지키면 맹렬한 풀무불에 던져지는 사태를 피하지 못할 것이다. 그러나 그렇게 할 때 불에 탄 냄새도 나지 않을 만큼 보호

받을 것이다. 진실성은 당신만 보호하는 것이 아니다. 주변 사람들의 잘못을 깨우쳐줄 것이다. 느부갓네살은 유대인 청년 세 사람의 단호한 진실성을 목격하고 잘못을 뉘우쳤으며, 사울 역시 영웅적인 진실성에서 비롯된 다윗의 행동에 똑같이 반응했다.

당신을 향한 하나님의 계획을 이루고 싶다면 진실성과 타협하지 말라. 다윗의 이야기와 관련지어 말하자면, 원칙을 무시하거나 생략하지 말라. 그것은 그만큼 단순하다. 약간의 타협이 큰 문제를 만든다. 원칙을 무시하면 기회를 붙잡은 것처럼 보일 수 있다. 하지만 그것은 언제나 진실성과 타협하는 것이 된다.

✦ 진실성 테스트

지금 당신은 진실성 테스트에서 낙방한 것처럼 느끼고 있을지도 모르겠다. 사실 우리 모두 이미 진실성 테스트에서 낙방한 상태다. 그러나 좋은 소식이 있다. 우리가 그 시험에서 떨어지기는 했다. 하지만 그 시험을 다시 치를 수 있도록 하나님이 허락하셨다는 것이다. 하나님께 용서를 구하는 한 실패는 결코 최종 결론이 아니다.

시험에 떨어졌을 때 다른 방법으로 얻지 못하는 귀한 교훈을 얻는 경우가 종종 있다. 몇 해 전, 나는 진실성 테스트에서 낙방했다.

국회의사당 인근지역 주민 모임에서 우리가 짓고 있던 에벤에셀 커피숍의 최근 상황을 보고할 때였다. 지역 주민들은 교회가 커피숍을 짓는다는 것을 미심쩍어 했다. 그래서 나는 가급적 특별한 용어를 쓰지 않으려고 노력했다. 마침내 보고가 끝나고 질문을 받는 시간이 되었을 때 누군가 에벤에셀의 뜻에 대해 물어보았다. 본래 '에벤에셀'은 사무엘상 7장 12절에서 비롯된 것으로 "이제까지 여호와께서 우리를 도우셨다"라는 뜻이다. 땅을 매입해 교회 용도로 전환하는 동안 하나님이 우리를 위해 기적적으로 개입하신 에벤에셀의 순간들이 정말 많았기 때문에 그렇게 이름 지었다.

그런데 나는 그 의미를 문자 그대로 전달하여 하나님을 영화롭게 하는 대신 다르게 바꾸어 말했다. 그것은 진실성을 손상시키는 행동이었고 그래서 양심에 찔렸다. '에벤에셀'이 "지금까지는 좋다"(So far, so good)라는 뜻이라고 말해버린 것이다. 그러나 그 말을 하는 순간 내가 성령님을 근심시켜 드렸다는 사실을 알았다. 그 말은 그런 의미가 아니었다. 내가 믿음의 방정식에서 하나님을 빼버렸다.

자, 그럼 내가 그 모임에서 왜 '에벤에셀'의 의미를 다르게 바꾸어 말했는지 배경을 설명해보겠다. 그 모임이 있기 몇 주 전, 우리는 국회의사당 근처에서 부활절 연례행사를 가졌다. 수천 명의 사람들에게 그리스도의 부활을 전하며 그들을 축복해주었다. 그런데 어떤 사람이 우리가 예수님에 대해 지나치게 말을 많이 한다고 불평했다. 당치도 않다! 우리가 교회인데! 더군다나 부활절인데! 솔직히 우리가 무슨 선한 일을 하더라도 우리 교회에 대한 그녀의 반감은 줄어들지 않았을 것이다. 그런데 바로 그녀가 그 지역 주민 모임에 참석했다. 그래서 방어적으로 대처하고 말았고, 그녀의 비위를 맞추느라 성령님을 근심하시게 한 것이다.

그 후 나는 그 죄 때문에 양심이 너무 괴로웠다. 그래서 하나님께 용서를 구했다. 내가 진실성 테스트에서 낙방했다는 사실을 알고 있었지만 한 번 더 기회를 달라고 구했다. 그 후 몇 년 동안 하나님은 나에게 진실성 테스트를 다시 치를 수 있는 많은 기회를 주셨다. 다행히 나는 그 시험들을 모두 통과했다. 그것은 내가 이전 테스트에서 낙방한 덕분이었다.

진실성을 더럽히는 경험을 한 뒤로 나는 다시는 믿음의 방정식에서 하나님을 빼지 않겠다고, 나를 옹호하시는 하나님과의 관계에 대해서 사람들에게 방어적인 태도로 말하지 않겠다고 하나님과 약속했다. 그리고 하나님께 영광을 돌릴 수 있는 기회가 찾아올 때마다 부끄러워하지 않겠다고, 변명하듯 말하지 않고 온전히 하나님께 영광 돌리겠다고 약속드렸다.

"지금까지는 좋다"(So far, so good)라는 구절을 "지금까지 하나님이 하셨다!"(So far, so God)라고 수정했다! 그리고 사무엘상 7장 12절과 함께 "So far, so God"의 약자이기도 한 'SFSG'를 에벤에셀 커피숍 커피 컵 슬리브(컵 홀더)에 새겨놓았다. 이것에 대해 누군가가 불쾌하게 여긴다 해도 그저 내버려둘 뿐이다. 왜냐하면 적어도 하나님은 불쾌해하지 않으시니까!

당신은 앞으로 살면서 매우 중요한 결심들을 하게 될 것이다. 그 중에 하나가 "누구를 불쾌하게 하는 거지?"이다. 분명 당신은 누군가를 불쾌하게 할 것이다. 그러나 그 누군가가 전능하신 하나님은 되지 않도록 하라. 어쩌면 다윗이 사울을 죽이지 않았을 때 다윗을 따르던 무리들은 무척 불쾌했을 것이다. 다윗이 그들의 충고를 듣지 않았기 때문이다. 솔직히 그들은 동굴에서 숨어 지내는 생활에 지쳤고 신물이 난 상태였다. 분명히 다윗을 비판했을 것이다. 그러나 다윗은 그들의 심기를 상하게 할까 봐 두려워하지 않았다. 하나님의 심기를 상하게 해드릴까 봐 두려워했다.

그런 거룩한 두려움은 지혜의 시작일 뿐 아니라 진실성의 시작이기도 하다. 하나님에 대한 두려움이야말로 성령과 성경에 맞추어 미세하게 조정된 양심의 표시이다. 그러나 시간이 지나서 우리가 하나님이 보시기에 옳은 일을 하고자 하는 것은, 우리가 무언가 잘못된 행동을 할 때 하나님이 보신다는 두려움 그 이상의 반응을 일으킨다. 하나님께서 우리를 눈에 넣어도 아프지 않을 만큼 소중하게 여기시기 때문이다. 이렇게 진실성은 하나님에 대한 두려움에서 시작되지만 하나님을 향한 사랑으로 끝맺는다.

자아 기념비

다윗은 친구들보다 하나님께서 불쾌해하실까 봐 더 걱정했다. 자신의 평판보다 하나님의 명성에 더 많은 관심이 있었기 때문이다. 그리고 그런 차원의 진실성을 제대로 이해하기 위해서 다윗과 사울을 비교해보겠다. 사울은 하나님의 명성보다 자신의 평판에 더 관심을 가졌다. 이것으로 두 사람의 길이 엇갈렸다. 성경에 나오는 지도자들 중 가장 불안해했던 사람이 사울은 아니었을까 생각한다. 그 불안함이 진실성을 갉아먹게 하고 하나님의 계획에서도 탈선하게 만들었다. 사울이 몰락하는 가장 결정적인 순간을 설명하는 성경 두 구절을 살펴보도록 하자.

사울이 여호와를 위하여

제단을 쌓았으니

이는 그가 여호와를 위하여

처음 쌓은 제단이었더라

삼상 14:35

사울은 "지금까지 하나님께서 하셨다"는 사실을 인정했다. 그래서 영광을 받으시기 합당한 그분께 영광을 올려드리고, 승리를 거두신 분이 하나님이심을 고백했다. 그러나 그것은 바로 성경 한 장 뒤에서 완전히 바뀐다.

사울이 갈멜에 이르러
자기를 위하여 기념비를 세우고
발길을 돌려 길갈로 내려갔다

삼상 15:12

사울은 사무엘상 14장 35절과 15장 12절 사이의 어느 시점에 더 이상 하나님을 위해 제단을 쌓지 않게 되었고 자기를 위한 기념비를 세우기 시작했다. 그때 사무엘 선지자가 사울을 정확히 꿰뚫어 보고 그에게 질문한다.

왕이 스스로 작게 여길 그때에
이스라엘 지파의 머리가 되지 아니하셨나이까

삼상 15:17

어떤 사람들이 자기를 위해 기념비를 세우는가? 자기 자신을 부족하다고 여기는 사람들이다. 교만은 불안함에서 나온다. 그래서 불안하면 불안할수록 그 사람은 자기를 위해 더 많은 기념비를 세우려고 한다.

어려운 질문을 하나 하겠다. 정직하게 대답해보라. 당신은 하나님을 위한 제단을 쌓는 중인가, 아니면 자신을 위한 기념비를 세우는 중인가? 누구의 평판에 더 관심을 갖고 있는가? 당신의 평판인가, 하나님의 명성인가? 만일 당신의 평판에 더 관심을 가지고 있다면 당신을 위한 기념비를 세우고 있는 것이다. 하나님과의 관계에서 자신의 잇속만 차리는 것이다. 하나님의 목적에 들어맞는 삶을 살지 않고 하나님이 당신의 목적에 맞게 일해주시기를 바라는 이기적인 영성을 소유한 것이다. 이런 태도를 일컫는 단어가 있다. 우상숭배!

우상숭배를 주의하라! 그렇지 않으면 우리에게 꿈을 주신 '하나님'보다 하나님께 받은 '꿈'을 더 중요하게 여길지도 모른다. 하나님을 가장 중요한 분으로 여기지 않고, 아주 하찮은 목적을 이루기 위한 수단으로 삼을지도 모른다. 그렇게 되면 하나님을 영화롭게 하기 위해 당신에게 주신 그 꿈조차, 하나님이 마땅히 받으셔야 할 영광을 도둑질하는 우상이 되고 만다.

만일 다윗이 왕위를 차지하기 위해 사울을 죽였다면, 다윗은 일평생 왕위를 우상으로 섬기며 살았을 것이다. 이스라엘의 다음 왕으로 사무엘에게 기름부음을 받은 다윗은 왕위의 정당한 계승자였다. 그러나 그 사실이 진실성을 훼손하는 행동을 변호해주지는 못한다. 다윗은 왕위를 자발적으로 포기했다. 그리고 그런 다윗의 태도를 보신 하나님께서 다윗이 왕위에 앉을 준비가 되었다고 판단하셨다.

사울이 몰락하기 시작한 것은 자신을 다윗과 비교했을 때부터였다. 비교하기 시작하면 결코 이길 수 없다. 왜냐하면 비교할 때 교만이나 시기심이 생기기 때문이다. 그리고 이 두 가지 중에 무엇을 품든지 진실성과 타협하게 된다. 사울의 경우에는 시기심이었다. 사울은 하나님께 주목하는 대신, 질투의 눈으로 다윗을 바라보았다(삼상 18:9 참조). 바로 여기에 우리가 주목해야 할 이 이야기의 역설이 담겨 있다.

사울에게 가장 큰 자산은 바로 다윗이었다. 다윗은 골리앗을 상대하며 사울의 체면을 세워주었고, 사울의 왕국을 블레셋 족속으로부터 안전하게 지켰으며, 심지어 사울의 영혼을 위해 하프를 연주해주기도 했다. 사울은 그런 다윗을 마땅히 칭송해야 했다. 그러나 시기심으로 불안해진 사울에게는 그런 다윗이 가장 큰 위협으로 다가왔다. 이처럼 다른 사람과 비교하기 시작하면 자신의 진실성을 더럽히게 되고 결국 하나님의 계획을 망치고 만다.

한번은 친구이자 내 인생의 멘토인 딕 포스가 자신이 하나님과 했던 어떤 거래에 대해 말해주었다.

"제가 하나님의 영광을 가로챈 경우가 아니면 비난받지 않게 하소서!"

이것은 하나님의 자녀로 살며 또 지도자로서 다른 사람들을 이끌어가기 위한 아주 훌륭한 방법이다. 다윗 역시 하나님과 이런 거래를 하지 않았을까?

우리는 대부분 자신의 역량을 다른 사람들에게 입증해 보이는 데 인생을 소비한다. 그러나 이 땅에서 우리가 해야 할 것은 우리 자신을 하나님께 입증해드리는 것이다. 그것이 진실성과 하나님의 계획에 가장 중요한 핵심이다. 다른 사람들에게 우리의 역량을 입증하려고 하지 않아도 괜찮다. 왜냐하면 전능하신 하나님이 우리의 옹호자이시기 때문이다!

진실성 있게 살면 하나님께서는 당신에게 하나님의 능력을 입증해 보이실 뿐만 아니라, 다른 사람들에게도 당신의 역량을 입증해 보이실 것이다. 또한 하나님 한 분 외에 다른 누구에게 아무것도 입증해 보이지 않아도 된다는 사실을 깨닫게 될 때 가장 큰 자유를 누리게 될 것이다. 하나님께서 다윗을 하나님의 마음에 맞는 인물로 만들어 가신 것을 생각해보라.

어쩌면 지금이 바로 하나님의 영광을 가로채는 일을 중단하고 다른 사람들의 비난으로부터 자유로워질 때인지 모른다. 다른 사람들에게 자신의 역량을 입증해 보이려 하지 말고 하나님께 당신을 입증해드리기 시작하라. 자아를 위한 기념비 세우기를 중지하라. 그리고 하나님께 제단을 쌓기 시작하라.

우리는 살아가면서 우리가 하는 일이 가장 중요하다고 생각하는 경향이 있다. 그러나 하나님께서는 우리가 어떤 사람이 되느냐를 훨씬 더 중요하게 여기신다. 이것은 성품의 문제가 영혼의 지문에 큰 부분을 차지한다는 뜻이다. 진실성을 지녀야 한다. 그러나 지름길은 택하지 말라. 그럴 때 우리의 인생을 향한 하나님의 계획을 망치기 때문이다. 하나님께서는 우리에게 옳은 것들을 선택할 수 있는 양심과 의지력을 주셨다. 하나님께 순종하면서 진실하게 살아갈 때 우리가 열망하는 세상의 칭찬을 다 받지는 못할지도 모르겠다. 하지만 그보다 더 중요한 것, 하나님을 영화롭게 해드릴 수 있을 것이다.

지금 당신은 인생의 어떤 영역에서 진실성을 있는 힘을 다해 싸우고 있는가? 만약 그 싸움에서 지면 어떤 손해를 입고, 이기면 어떤 유익을 얻겠는가?

SCENE 4
옷을 벗는 용기

예수 그리스도와의 관계 안에서 정체성을 발견한다

내가 이보다 더 낮아져서 스스로 천하게 보일지라도

_삼하 6:22

나는 춤을 못 춘다. 정말 못 춘다. 그런데 몇 년 전, 어떤 공연에서 리버댄스(Riverdance, 빠르고 경쾌한 음악과 현란한 발동작이 특색인 아이리시 스타일의 탭댄스)를 춘 적이 있다. 그때 나의 형수는 내게 매끄럽게 이어지는 동작을 가르쳐주기 위해 애를 썼다. 물론 나도 열심히 집중하면 그 동작을 비슷하게나마 해낼 수 있다. 그러나 나는 아무렇게나 내키는 대로 추는 스타일이다. 내 춤은 리듬이나 동작에 문제가 있다. 그것이 내게 엄청난 충격을 안겨주었다.

우리 교회 사역자들이 리더십 컨퍼런스에 참석하기 위해 로스앤젤레스에 갔을 때였다. 나는 저자이며 목회자인 어윈 맥마너스(Erwin McManus)를 매우 존경했다. 그래서 그가 목회하는 교회를 방문하기로 했다. 우리가 그 교회 예배당으로 들어갔을 때 맨 앞줄에 있는 빈 좌석 몇 개를 발견했다. 그런데 그것이 큰 실수였다. 모자이크교회(Mosaic Church)는 활발한 소통을 나누며 예배를 드리는데, 우리가 참석했던 그 특별한 주말에는 창작 춤을 출 자원자가 있으면 강단에 올라와달라고 부탁했다. 그때 우리 교회 사역자들이 나에게 시선을 돌렸다. 반란이 따로 없었다. 그들은 손으로 일제히 나를 지명했다. 그때 그 느낌을 표현하자면 쑥스럽다는 말로는 부족하다. 솔직히 싫다고 하고 싶었다. 그러나 그러려면 한바탕 소란을 피워야 했기 때문에 나는 어쩔 수 없이 억지로 강단에 기어올라갔다. 그런 식으로 어윈 목사를 만나다니 그것은 계획에 없던 일이었다.

어윈 목사가 60초 동안 혼돈(chaos)이라는 주제로 창작 춤을 춰달라는 말이 끝나기 무섭게 악기팀이 음악을 연주하기 시작했다. 아이러니하게도 엉망이고 혼란스러운 춤이야말로 내가 출 줄 아는 유일한 춤이었다. 내 말을 믿어도 좋다. 그때 내 춤은 혼돈 그 자체였다.

나는 외적으로 춤을 추고 있었지만 내적으로는 죽어가고 있었다. 60초라는 짧은 시간 동안 나는 천 번이나 죽었다. 그때보다 더 강렬하게 다른 사람들의 시선을 느낀 적도, 더 창피한 적도 없었다. 그런데 반란을 꾀한 우리 교회 사역자들 중 한 사람이 친절하게도 이 장면을 비디오카메라로 촬영해놓았다. 그 영상을 보다가 귀 기울여 들어보면 어윈 목사의 웃음소리가 들린다. 내 모습이 얼마나 우스웠을까. 설상가상으로 그 시시하고 재미없는 나의 춤이 끝나고 나서 곧바로 모자이크교회의 전문 무용수들이 '사랑'이라는 주제로 춤을 추었다. 천사들도 감동하여 눈물을 흘릴 만큼 아름답고 기품 있는 춤이었다. 정말 훌륭했다.

창피당하는 것을 좋아하는 사람이 있을까? 사실 우리는 무슨 수를 쓰더라도 창피한 상황을 피하려고 한다. 그러나 실패할 필요가 있는 것처럼 우리는 창피를 당할 필요가 있다. 창피를 당하면 겸손해진다. 그리고 그 겸손은 하나님의 계획을 이루기 위한 열쇠이다.

세상을 살면 살수록, 많은 사람들을 이끌어갈수록 더 확신하게 되는 단순한 진리가 있다. 하나님께서 우리 때문에 일하시는 것이 아니라, 우리인데도 불구하고 일하신다는 것이다. 우리는 그저 하나님께서 하시는 일에서 물러나 있으면 된다. 그렇게 하기 위해서는 겸손한 마음을 유지해야 한다. 겸손한 마음을 유지하면 하나님이 우리 안에서, 그리고 우리를 통해서 못하실 일이 없다.

겸손의 능력을 키울 수 있는 것이 창피함이다. 창피를 당하는 그 순간은 마치 영적인 항산화제와 같아서 우리의 자아에서 교만의 불순물을 제거해준다. 이 사실은 내가 직접 경험했기 때문에 잘 알고 있다. 창피한 순간은 우리 삶에 독특하고 강렬한 자국을 남긴다. 그 순간에 우리는 겸연쩍어서 움츠러들거나 실없이 웃게 된다. 그러나 어떤 경우에도 창피한 순간은 우리가 누구인지 알게 해준다. 더 중요한 사실은 그럴 경우 우리가 누가 아닌지 받아들이는 법을 배울 수 있다는 것이다.

✚
가장 창피한 순간들

창피했던 순간들을 아주 어릴 때부터 기억나는 대로 이야기해보겠다.

초등학교 2학년 때였다. 쉬는 시간에 운동장 진흙구덩이에 넘어지는 바람에 바지를 버린 적이 있었다. 그때 양호 선생님이 좀약 냄새가 풀풀 나는 체크무늬 모직바지를 내게 주었다. 지금 생각해보면 원래는 키가 작은 히피(hippie, 1960년대에 기성의 가치관이나 제도, 사회적 관습을 부정하고 자유로운 생활양식을 추구한 젊은이들)가 입었을 법한 옛날 바지였다. 그 바지를 입은 내 꼴이 참으로 우스꽝스러웠다. 지금도 그때를 생각하면 다리가 근질거린다. 솔직히 그 당시에 내 모습을 보고 깔깔거렸던 친구들을 뭐라고 할 수 없다. 예수님이라도 빙그레 웃으셨을 테니 말이다.

사역에서도 그런 경우가 있었다. 내셔널커뮤니티교회 개척 시절, 나는 우리 교회에서 연주회를 해달라고 어떤 팀을 초대했다. 그때 우리 교회 교인 수가 100명 정도였기 때문에 나는 연주회에 100명이 참석할 거라고 말했다. 그런데 음악회가 시작되기 5분 전, 7명으로 구성된 악단이 100명의 관객을 예상하며 대기실에 앉아 있을 때, 나는 연주회에 참석한 교인이 딱 4명뿐이라는 사실을 알게 되었다. 주님의 재림을 그토록 애타게 갈망했던 적이 없었다.

나는 요한계시록 22장 20절 말씀으로 기도했다.

"주 예수여 오시옵소서."

그 음악회는 내가 지금까지 준비한 모든 행사 중에서도 가장 미흡했던 행사로 손꼽힌다. 관객보다 악단의 수가 더 많았다. 악단과 관객이 자리를 바꿔 앉아야 하는 것이 아닌가 하는 생각마저 들었다. 게다가 관객 중 한 명은 나보다 더 춤을 못 추었는데, 그럼에도 불구하고 자리에서 일어나 계속 춤을 추었다. 나는 너무 창피해서 마치 악단에게 죄지은 느낌이었다.

가장 최근에 창피했던 순간은? 오후 1시에 결혼식 주례를 하기로 되어 있는 사람이 왜 결혼식장에 나타나지 않느냐고 전화를 받았다. 그때 나는 그 약속을 까맣게 잊은 채 옷가게에서 옷을 입어보고 있었다. 당장 결혼식장에 가려면 적어도 집에 가서 샤워하고, 양복으로 갈아입고, 눈보라를 뚫고 45분 동안 차를 몰아야 했다. 결국 오후 3시에 결혼식장에 도착했다. 너무 창피해서 얼굴을 들 수 없었다.

창피한 순간은 의심의 여지없이 끔찍하다. 그러나 그 순간은 경이롭기도 하다. 약간의 창피함이 사람을 자유롭게 하기 때문이다. 창피함은 가식의 짐으로부터 해방시켜 줄 뿐 아니라 나를 중요시하는 태도를 중단하게 만든다. 그런 의미에서 창피함은 자아에 대해 죽는 한 가지 방법이다. 자아에 대하여 죽는 것은 다시 살아나기 위한 한 가지 방법이다. '유머', '굴욕', '겸손' 이 세 단어는 모두 어원적으로 관계가 있다. 사실 '유머'(humor)는 '굴욕'(humiliation)이라는 단어에서 나온 파생어이다. '겸손'(humility)은 자신을 비웃는 능력이라고 할 수 있다. 나는 자기 자신을 가장 많이 비웃는 사람이 지구상에서 가장 행복하고, 건강하고, 거룩한 사람이라고 확신한다. 오늘날 많은 사람들은 어떻게든 창피를 면하는 것이 인생의 목적인 것처럼 살아간다. 무안해질 수도 있는 상황을 어떻게든 피하려고 한다. 그래서 기쁨을 잃어버린다. 자신이 누구인지 절대 드러내지 않는다. 위험을 감수하지 않는다. 그래서 기회를 잃어버린다. 무엇을 희생하든지, 그것이 영혼일지라도 창피함만큼은 피하려고 애쓴다. 아니, 영혼의 지문을 희생하면서 창피함을 피하기 위해 노력한다고 해야 맞을 것이다.

당신이 무언가 어리석은 짓을 해서 사람들 앞에서 창피를 당해야 한다는 뜻으로 이런 말을 하는 것은 아니다. 사회를 몰라서 당하는 창피함을 권장하는 것도 분명 아니다. 그러나 우리는 창피함에

대한 두려움이 우리와 하나님 사이에 끼어들도록 너무 자주 내버려
둔다. 창피함을 두려워해서 믿음을 전하지 못하거나, 그릇된 길로
가는 친구를 막지 못하거나, 죄악의 상황을 외면하지 못한다. 그러
나 창피함이 무언가 옳은 일을 하는 데서 비롯되었다면 그것은 거
룩한 창피함이다.

그리고 몇몇 상황에서는 창피함이 하나님과 자신에 대해 진실한
태도를 유지하기 위한 유일한 길이 되기도 한다. 창피함이냐 위선이
냐, 창피함이냐 죄냐, 창피함이냐 순종이냐를 선택해야 할 때가 있
다. 그런 상황에서 창피함은 피해야 하는 것이 아니다. 사실 다윗의
본보기를 따를 때 창피함은 우리가 함양하거나 기념해야 할 무언
가가 된다.

> 내가 이보다 더 낮아져서
> 스스로 천하게 보일지라도
>
> 삼하 6:22

✚ 위풍당당 행진곡

다윗 인생에서 최고의 순간이었다. 다윗은 블레셋 족속을 물리쳤

고, 시온 산성을 탈환했으며, 이스라엘의 왕으로 기름부음을 받았다. 그리고 지금 그는 언약궤를 예루살렘으로 다시 가져오고 있는 중이었다. 강렬한 에너지가 솟구치고 황홀한 기대감이 커져갔다. 1945년 8월 14일, 뉴욕 거리에 색종이 테이프가 뿌려졌던 2차 세계대전 종전 기념 퍼레이드를 떠올려보라.

다윗의 보좌관들은 다윗이 할 말과 행동에 대한 대본을 가지고 있었다. 경호원들은 곳곳에 배치되어 축하 행렬이 지나가는 동안 군중을 통제했다. 모든 과정이 계획대로 착착 진행되고 있었다. 그런데 갑자기 다윗이 모든 계획을 망쳐놓기 시작했다. 그런 일이 벌어질 줄 누가 알았겠는가. 사실 아무도 그런 장면을 보고 싶어 하지 않았다.

다윗이 옷을 벗기 시작했다. 그것은 연예인들의 의상불량 사고에 비할 바가 아니었다. 엄마들은 자녀의 눈을 가릴지 말지 어찌할 바를 몰랐고, 참모들 역시 왕을 말려야 할지 말아야 할지 고민했다. 군중들 모두 민망함에 얼굴을 붉혔다. 이스라엘 왕의 위엄이 아마포로 짠 다윗의 흰색 속옷 차림만큼 추락하는 순간이었다.

그러나 지엄한 이스라엘 왕은 아랑곳하지 않고 어린아이처럼 천진난만하게 춤을 추기 시작했다. 감정을 억제하지 않고 그저 순수한 기쁨으로 춤을 추었다. 광야에서 숨어 지내는 동안 겪었던 그 모든 고통과 분노, 슬픔과 좌절을 춤으로 날려버리는 것 같았다.

전쟁에서 승리한 뒤 나오는 거룩한 아드레날린을 불끈 쥔 주먹에다 쏟은 듯 손을 번쩍 들어 올리며 주님을 찬양했다. 왕이 할 수 있는 동작이라고 하기에는 어색하기 그지없었다. 그러나 그것은 다윗의 진심에서 나온 것이었다.

모든 사람들이 어떻게 해야 할지 몰라 당황스러워했다. 다윗의 아내 미갈 역시 그랬다.

> 여호와의 궤가 다윗 성으로 들어올 때에
> 사울의 딸 미갈이 창으로 내다보다가
> 다윗 왕이 여호와 앞에서 뛰놀며 춤추는 것을 보고
> 심중에 그를 업신여기니라
>
> 삼하 6:16

당신의 행진을 망치고 싶지는 않다. 그러나 한 가지 경고하겠다. 당신이 하나님께 열광할 때 그런 당신의 모습에 다른 사람들까지 열광할 것이라고 기대하지 말라. 왜? 당신이 가진 격렬함과 다른 사람들의 소극성이 정면으로 충돌하기 때문이다. 당신이 하나님께 당신을 전적으로 맡기는 것은 영적인 현상 유지나 하면서 살려는 사람들에게 혼란을 준다. 물론 하나님이 당신의 인생에서 하고 계신 일들을 보고 감동을 받는 사람들도 있겠지만, 그것을 비난하면서 자신의 죄책감을 감추려고 하는 사람들도 분명 있을 것이다.

자신을 변화시키는 것보다 남을 비난하기가 훨씬 더 쉽다. 열에 아홉은 자기를 지키기 위한 방어기제로 비난을 선택한다. 우리도 당연히 그렇게 해야 한다는 것을 알지만 우리가 하기 싫어하는 무언가를 다른 사람이 할 때 우리는 쉽게 그 사람을 비난한다. 그런 과정에서 우리 영혼의 일부가 죽는다.

미갈은 다윗을 비난하며 동시에 야유를 퍼부었다.

다윗이 자기의 가족에게 축복하러 돌아오매
사울의 딸 미갈이 나와서 다윗을 맞으며 이르되
이스라엘 왕이 오늘 어떻게 영화로우신지
방탕한 자가 염치없이 자기의 몸을 드러내는 것처럼
오늘 그의 신복의 계집종의 눈앞에서 몸을 드러내셨도다 하니
다윗이 미갈에게 이르되 이는 여호와 앞에서 한 것이니라
그가 네 아버지와 그의 온 집을 버리시고 나를 택하사
나를 여호와의 백성 이스라엘의 주권자로 삼으셨으니
내가 여호와 앞에서 뛰놀리라
내가 이보다 더 낮아져서 스스로 천하게 보일지라도
네가 말한 바 계집종에게는 내가 높임을 받으리라 한지라

삼하 6:20-22

그 행진은 이스라엘의 새 왕 다윗이 예루살렘 다윗성으로 입성하는 장대한 의식이었다. 오늘날 대통령 취임식과 같이 거창했다. 그것은 이제 왕이 가져야 할 책임이 다윗에게 더해졌다는 중대한 의미가 있었다.

다윗은 왕으로서 위신을 지켜야 했다. 왕관을 상징해야 했다. 다윗이 왕답게 행동하고자 하는 유혹을 받는다면 바로 그 순간이었을 것이다. 왕은 대중 앞에서 옷을 벗고 열정적으로 춤추지 않는다. 사울의 딸 미갈은 궁전에서 자라며 궁중 예법을 익혔기 때문에 그 점을 누구보다 잘 알고 있었다. 그렇다. 다윗의 행동은 궁중 예법에 어긋난 것이었다. 그러나 다윗은 그런 것에 전혀 신경 쓰지 않고 하나님을 찬양했다. 그 과정에서 자신이 난처해지더라도 마땅히 해야 할 것, 자신이 할 수 있는 만큼 하나님을 찬양하고 있는지에 관심이 있었다.

✛ 왕의 도포를 벗다

이 장면에는 강력한 복선이 깔려 있다. 그리고 그것은 영혼의 지문을 발견하기 위한 열쇠이기도 하다. 치렁치렁한 왕의 도포는 다윗이 이스라엘 왕이라는 정체성과 안정감을 나타내는 것이었다. 하얀

깃을 세운 사제복, 장교의 군복, 경찰관 배지처럼 다윗의 권위와 지위를 상징했다.

다윗의 행동에 대한 의미를 놓치거나 무시하지 말라. 그가 이스라엘의 왕이면서도 옷이 벗겨지도록 하나님 앞에서 뛰놀며 춤을 추었던 행위는 하나님 앞에서 아무것도 숨기지 않는 다윗의 겸손함을 상징한다. 하나님을 온전히 의지한다는 것이다. 다윗은 자신의 왕위에서 정체성을 발견하거나 안정감을 얻지 않았다. 그는 오직 전능하신 하나님을 예배하는 사람이라는 데서, 만왕의 왕이신 하나님 안에서 정체성을 발견하고 안정감을 얻었다.

영혼의 지문을 발견하는 일은 옷을 벗는 일과 같다. 하나님이 아닌 다른 것에서 우리의 정체성을 발견한다면 다 벗어버려야 한다. 그분이 아닌 다른 것에서 안정감을 얻는다면 다 내려놓아야 한다. 그럴 때 우리는 나 자신을 잃어버리는 것처럼 느낄 수도 있을 것이다. 그러나 나를 잃어야만 진정한 나를 발견할 수 있다.

그렇다면 당신의 '왕의 도포'는 무엇인가? 당신은 그리스도와의 관계 밖에 있는 어떤 것에서 정체성을 발견하거나 안정감을 얻는가? "나는 누구인가?" 혹은 "나는 누구의 것인가?"에서 정체성을 발견하는가? '내가 그리스도를 위해 할 수 있는 일' 혹은 '그리스도께서 나를 위해 하시는 일'에서 정체성을 발견하는가? 내가 가진 것들에서 안정감을 얻는가? 아니면 그리스도의 '주 되심'(Lordship)에 굴

복했을 때 성령님이 인정해주시는 것에서 안정감을 얻는가?

영혼의 지문을 발견하는 일은 예수 그리스도 안에서 정체성을 발견하고 안정감을 얻는다는 것을 의미한다. 다른 어떤 것으로도 그렇게 할 수 없다. 예수 그리스도만이 정체성을 발견하고 안정감을 얻게 해주실 수 있다. 십자가만이 나의 신분을 나타내는 유일한 상징물이다.

옷을 벗는 것은 자아에 대해 죽는다는 것을 의미한다. 그리고 이런 자아의 죽음은 그리스도와의 관계 밖에 있는 어떤 것에서 정체성을 발견하고 안정감을 얻는지 분별하는 작업에서부터 시작된다. 이 시점에서 하나 지적하겠다. 그것은 우리가 하나님이 주신 무언가를 종종 우상으로 섬긴다는 것이다. 다윗을 이스라엘 왕으로 기름 부으신 분은 하나님이시다. 그리고 다윗이 입은 왕의 도포는 하나님의 선물이었다. 하나님께서는 우리에게도 선물을 주신다. 그러나 자칫 잘못하면 선물을 주신 하나님보다 선물을 더 중요시하게 되는데, 이렇게 하나님께 받은 선물을 우상으로 섬기면 축복이 저주가 된다. 왜? 선물을 주시는 하나님이 아닌, 하나님께 받은 선물에서 정체성을 발견하고 안정감을 얻기 때문이다.

나 자신의 모습으로

점점 성장하는 교회에서 오랫동안 목회하던 친구가 있었다. 그런데 그 친구가 사역을 내려놓았다고 하기에 그 이유에 대해 물어보았다.

그는 이렇게 대답했다.

"나 자신으로 살지 못했거든."

비극 중에 비극이다. 이 땅 어딘가에서 나 자신으로 살 수 있는 곳이 있다면, 그곳은 틀림없이 교회이기 때문이다. 교회는 우리의 가장 깊은 의심, 가장 추악한 죄, 가장 엉뚱한 꿈을 드러낼 수 있는 곳이 되어야 한다. 착하거나 나쁘거나, 잘났거나 못났거나 우리가 정말 누구인지 솔직하게 밝힐 수 있는 곳이어야 한다. 그러나 불행하게도 교회는 우리의 삶이 전혀 괜찮지 않은데도 괜찮은 것처럼 행동하는 곳이 되었다. 우리가 교회를 진정성 없는 곳으로 만들었다. 그래서 교회에 오는 모든 사람들이 치렁치렁한 왕의 도포를 입고 자기 자신을 숨긴다. 그러나 만일 우리가 교회를 자신을 감추는 옷을 벗을 수 있는 용기를 낼 수 있는 곳으로 만든다면 어떻게 될까?

처음 목회를 시작했을 때 나는 목회자답게 보이려고, 목회자답게 행동하려고, 목회자답게 살려고 애썼다. 그러나 지금은 나 자신으로 살려고 노력한다. 여기에는 큰 차이가 있다. 예전에는 진정성보다 권위에 더 많은 관심이 있었다면, 인식 체계의 대전환을 경험하고 나서 진정한 권위가 진정성으로부터 나온다는 것을 알게 된 것이다. 설교자로서 내가 가지는 목표는, 내가 한낱 인간에 지나지 않는다는 사실을 드러내는 것이다. 그래서 나는 내 인간적인 연약함과 잘못을 사람들에게 전달하려고 노력한다. 그렇게 할 때 하나님의 선하심과 위대하심이 더 드러나기 때문이다. 나는 진정성이 권위를 훼손하지 않는다는 사실을 깨달았다. 더 진정해질 때 더 권위를 갖게 되는 것이다.

이삼십 대 청년들이 주를 이루고 있는 교회에서 목회를 하며 점점 더 확신하는 것이 있다. 다음 세대가 찾는 것이 바로 진정성(authenticity)이라는 사실이다. 그들은 완벽한 것을 기대하지 않는다. 진정성을 기대한다. 따라서 어떤 지도자가 다윗처럼 옷을 벗는 용기를 지닌다면 신자들 사이에 분명히 진정성의 문화가 일어날 것이다. 또한 지도자가 투명하다면 비난을 두려워하지 않고 있는 모습 그대로 드러내는 문화가 생길 것이다. 반면에 그렇지 않다면 비밀을 털어놓지 못하는 문화가 생길 것이다.

원수 사탄은 우리가 비밀을 꼭꼭 숨기기 원한다. 그런 식으로 우리를 독방에 가둔다. 만일 우리가 솔직하게 고백하는 용기를 낸다면, 아무것도 숨기지 않는 것이 가장 큰 자유라는 것을 깨닫게 될 것이다. 죄가 발각될까 봐 조마조마해하는 두려움이, 죄를 털어놓을 때 느낄 창피함보다 훨씬 더 불편하다. 죄를 솔직히 털어놓으면 창피할 수는 있다. 그러나 창피함은 곧 사라지고 편안함이 찾아올 것이다.

몇 년 전, 나의 영적인 영웅이 교인들을 큰 충격에 빠트리는 고백을 했다. 처음에 나는 실망했다. 다윗처럼 옷을 벗는 그의 모습을 보고 싶지 않았다. 그러나 실수에 대처하는 그의 모습을 지켜보면서 이전보다 더 열렬히 더 깊이 그를 존경하게 되었다. 그는 실수를 인정했고, 그것을 털어놓았다. 그의 실수가 불러온 부차적인 결과는 남들의 비난을 두려워하지 않고 있는 그대로의 모습을 보여줌으로써 그와 좀 더 가까워진 것처럼 느끼게 한다는 것이다. 그에 대한 존경심이 더 깊어진 또 다른 이유는 그가 오직 하나님의 은혜로 자신의 실수를 처리했다는 것이다.

다윗은 왕의 옷 뒤에 숨지 않았다. 자신을 드러냈다. 왕으로 살려고 애쓰지 않았다. 자신으로 살려고 노력했다. 이렇게 나 자신으로 살아가는 데는 그 어떤 것보다 더 큰 용기가 필요하다. "본래의 네가 아닌 모습으로 살면 본래의 네 모습으로 살 수 없다"는 속담이 있다. 옷을 벗는 일은 우리가 누구이고 누가 아닌지를 솔직히 드러내는 용기이다. 반면 모든 사람들에게 가장 중요한 인물이 되려고 애쓴다면 그것은 내가 하나님이 되려는 시도이다. 우리는 메시아 콤플렉스(the Messiah complex)를 가지고 있다. 모든 사람들에게 가장 중요한 인물이 되려 한다면 결국 아무것도 되지 못한 상태로 끝날 것이다. 결론을 말하겠다. 나는 '나 아닌 사람'으로 살면서 사랑을 받느니 차라리 '나'로 살면서 미움을 받겠다.

또 다른 자아

몇 년 전, 교회 사무실에서 집으로 걸어오는데 어떤 이웃이 나를 보고 다정하게 인사를 했다.

"안녕하세요, 데이비드!"

그때 내가 왜 그랬는지는 잘 모르겠지만, 나도 그냥 "안녕하세요!" 하고 인사한 다음 계속 걸어갔다. 내 이름이 마크라고 정정해주지 않은 것이다. 그런데 며칠 뒤 똑같은 일이 또 일어났다. 그러나 이번에도 나는 그녀의 잘못을 바로잡아줄 용기가 나지 않았다. 그렇게 그녀는 몇 년간 나를 데이비드라고 불렀다.

사실 처음에는 좀 재밌기도 하고 웃기기도 했다. 데이비드는 내 또 다른 자아였다. 친구들과 동네를 지나가다가 그녀가 나를 데이비드라고 부르면 우리는 한바탕 웃기까지 했다. 그러던 어느 날부터 은근히 걱정이 되기 시작했다.

'그녀가 우리 교회에 와서 내가 진짜 누구인지 알게 되면 어쩌지?'

그런 생각이 미치자 어느새 재미는 사라지고 가식이라는 짐이 생겼다. 그런데도 나는 계속 나 아닌 누군가인 척했다. 누군가가 내 이름을 수백 번이나 잘못 불렀는데도 바로잡지 않아놓고 어느 날 갑자기 "저, 그건 제 이름이 아닌데요"라고 말하기가 쉽겠는가.

　하지만 결국 진실의 순간이 왔다. 어느 날 내가 교회에서 집으로 걸어오고 있을 때였다. 나를 데이비드라고 부르는 그녀가 진짜 내 이름을 알고 있는 이웃 사람들과 함께 있었다. 그 순간 나는 다른 길로 돌아가거나 길을 건너고 싶었지만 그냥 계속 갔다. 머릿속에서 장송곡이 울려 퍼졌다. 그녀와의 거리가 점점 가까워지자 앞으로 일어날 두 가지 상황이 떠올랐다. 내 이름을 아는 이웃들이 "안녕하세요, 마크!"라고 내게 인사를 건넸을 때 그녀가 그들을 이상한 표정으로 쳐다보든지, 아니면 내 이름을 모르는 그녀가 "안녕하세요, 데이비드!"라고 인사했을 때 다른 이웃들이 그녀를 이상한 표정으로 쳐다보는 것이다. 둘 중에 어떤 경우라도 그들이 나를 이상한 표정으로 쳐다볼 거라는 것은 분명했다. 아무래도 승산이 없어 보였다. 분명한 것은 그때 이후로 그녀가 나를 데이비드라고 부르지 않았다는 것이다. 아니, 그때 이후로 인사하지 않은 것 같다.

　무슨 수를 써도 승산이 없는 상황, 그것이 바로 내가 아닌 사람으로 살려고 애쓸 때 일어나는 일이다. 처음에는 또 다른 자아를 갖는 것이 재미있다. 그러나 더 이상 자신으로 살지 못하는 한 가식의 짐은 점점 커져간다. 방어 자세를 풀지 못한다. 긴장을 늦출 수가 없다. 거짓말의 덫에 걸리고 만 것이다. 결국 우리는 거짓말을 하게 된다.

많은 사람들이 또 다른 자아를 키우고 보호하기를 되풀이하면서 살아간다. 집이든 직장이든 교회든 또 다른 자아로 행동한다. 심지어 내적으로 죽어가면서도 아무 문제없이 잘 사는 척한다. 언제나 다른 사람들에게, 심지어 자신이 좋아하지도 않는 사람들에게까지 깊은 인상을 주기 위해 애쓴다. 뿐만 아니라 자신의 의심이나 꿈이나 실망을 솔직하게 드러내기를 두려워한다. 왜냐하면 나무랄 데 없이 완벽해야 하는 자신의 또 다른 자아가 위험해지기 때문이다.

가식의 옷을 벗는 데는 엄청난 용기가 필요하다. 사실 그런 용기야말로 가장 보기 드문 형태의 용기일지 모른다. 아담과 하와가 그랬던 것처럼, 우리는 무화과나무 잎사귀로 알몸을 가리는 오래된 본능을 가지고 있다. 벌거벗은 상태를 어색해한다. 자신의 정서적인 상태를 있는 그대로 드러내는 사람이 드물고, 영적인 상태를 있는 그대로 드러내는 사람은 훨씬 더 드물다. 우리가 은밀하게 갈망하는 것도 그런 것이 아닌가? 우리는 하나님의 은혜를 통해 영적으로 벌거벗을 수 있다. 예수 그리스도의 속죄로 더 이상 무화과나무 잎으로 우리 자신을 가리지 않아도 되는 은혜를 받았기 때문이다.

A. W. 토저는 《하나님을 추구함》(The Pursuit of God)에서 이렇게 말했다.

"하나님께서 우리에게 제공하시는 안식은 온유함의 안식, 복된 안정감이다. 이것은 자신을 있는 그대로 받아들이고 거짓으로 꾸미지 않을 때 찾아온다."

우리가 시편을 좋아하는 이유도 다윗이 시편에서 옷을 벗기 때문이다. 시편의 시는 꾸밈이 없다. 의심, 분노, 욕망, 교만과 같은 다듬어지지 않은 모든 감정들을 드러낸다. 가식이 없다. 그리고 바로 여기가 우리가 도달해야 할 목적지이다.

✛ 정체성의 문제

좀 더 깊이 파고들어보겠다. 우리가 어떤 시각으로 자신을 바라보느냐 하는 것은 무엇을 토대로 정체성을 확립하느냐에 따라 결정된다. 우리에게는 선택 사항들이 많다. 외모, 인맥, 일, 지위, 옷, 학위, 자동차 등을 바탕으로 우리의 정체성을 확립할 수 있다. 이렇게 수없이 많은 요소들이 자아를 구성할 수 있지만, 우리가 어떤 것을 토대로 정체성을 확립하느냐에 따라 영적인 면에서 우리의 성패가 좌우될 것이다.

이론 하나를 소개하겠다.

"모든 일이 잘될수록 정체성 문제를 가지고 있을 가능성이 더 크다."

이해하기 어렵겠지만 옳은 말이라고 생각한다. 왜? 모든 일들이 술술 풀리면 잘못된 것들을 토대로 정체성을 확립하기가 더 쉽기 때문이다. 역설적이게도 가장 큰 축복은 가장 큰 저주가 되기도 한다. 하나님을 의지하는 태도를 약하게 만들고 교만의 원인이 되기 때문이다. 모든 일이 잘될 때 우리는 하나님의 은혜를 의지하는 대신 자신의 빛나는 지성이나 매력적인 성격이나 외모를 의지한다. 미국 화폐에는 "In God We Trust"(우리는 하나님을 믿는다)라고 새겨져 있다. 그러나 우리는 그 문장처럼 살아가는 대신 그 문장이 새겨져 있는 돈을 믿는다. 오해하지 말라. 돈, 명석함, 매력 같은 것 자체에는 잘못된 것이 없다. 그것은 하나님으로부터 온 선물이다. 그러나 그 선물을 받고도 그것으로 하나님을 찬양하지 않으면 그 선물이 교만의 원인이 된다. 교만은 단지 하나님을 찬양하지 않는 것이다. 찬양이 부족할 때도 항상 교만이 생기기 마련이다.

아담과 하와가 타락하기 오래전에 천사장 루시퍼가 타락했다. 루시퍼의 타락은 성경이 언급하고 있는 매우 오래된 사건이지만, 그것은 곧 오늘을 살아가는 우리의 문제이기도 하다.

"네가 아름다우므로 마음이 교만하였으며 네가 영화로우므로 네 지혜를 더럽혔음이여"(겔 28:17).

누가 루시퍼를 아름답고 지혜롭게 만들었을까? 바로 하나님이시다. 빼어난 아름다움과 지혜를 선물로 받은 루시퍼는 그 선물을 통해 하나님을 예배해야 옳다. 그러나 루시퍼는 하나님을 예배하는 대신 자신이 예배를 받기 원했다. 그것이 원죄이다. 인간의 모든 고통, 모든 악, 모든 깨어짐, 모든 아픔은 시간을 거슬러 올라가 루시퍼가 하나님께 반기를 든 그때에서 유래를 찾을 수 있는 연쇄반응이다.

창조주 하나님께서는 우리를 예배하도록 만드셨다. 사실 우리는 예배하지 않는 것을 하지 못한다. 우리는 모두 언제나 예배한다. 문제는 예배하느냐 예배하지 않느냐가 아니라 '누구'(who)를 예배하느냐이다. 선택 사항은 단 두 가지, 하나님(God)을 예배하든지, 가짜신(god)을 예배하든지 둘 중 하나이다. 만일 당신이라는 신을 예배하기로 할 경우, 당신 자신은 물론이고 당신을 예배하는 모든 사람들을 실망시키는 보잘것없는 신이 될 것이다. 결국 모든 정체성의 문제는 예배, 곧 그릇된 대상을 예배하는 데서 비롯된다.

다윗은 예루살렘으로 입성하면서 선택해야만 했다. 백성들의 떠들썩한 찬미를 한껏 누리며 자기를 새로 기름부음 받은 왕으로 예배하게 내버려두거나, 왕의 위엄과 위신을 다 내려놓고 군중 앞에서 옷을 벗음으로써 그들의 찬양을 피하기로 결심하는 것이다. 다윗은 후자를 택했다. 그가 옷을 벗은 것은 이렇게 말하는 것과 다름이 없었다.

"내가 진짜 누구인지 보여줄게요!"

자신이 그들과 똑같다는 것을 보여주기 위한 방법이었다.

✚
모래성

잘못된 것을 토대로 정체성을 확립하는 것은 정말 쉽다. 이런 행동은 모래성을 쌓는 일, 곧 모래 위에 집을 짓는 일과 같다. 예수님의 말씀처럼 심하게 무너지려고 스스로 준비하는 꼴인 것이다(마 7:27 참조).

그 무너짐은 인생길을 가는 동안 몇 가지 다른 이름으로 찾아온다. 20대에는 '4분의 1 인생 위기'가, 인생길의 절반 정도 달리면 '중년의 위기'가, 나이 들어 은퇴할 때쯤에는 '4분의 4 인생 위기'가 찾아온다. 학교를 토대로 정체성을 확립한 뒤에는 졸업하고, 일을 토대로 정체성을 확립한 뒤에는 은퇴하고, 결혼을 토대로 정체성을 확립하지만 때로 이혼을 하기도 한다. 학교나 직장이나 결혼은 모두 좋은 것들이다. 그러나 그것은 정체성을 확립할 수 있는 토대로 삼기에 형편없고 안정감을 얻을 수가 없다.

성장기에 내 인생은 농구를 중심으로 돌아갔다. 매일 두 시간씩 농구를 했고 썩 잘했다. 나는 전국에서 농구를 가장 잘하는 대학생들을 선발하여 꾸린 팀의 주전 선수였다. 그러나 아쉽게도 내가 속한 팀은 NCAA(미국대학체육협회)가 아니었다. NCAA에서 '그리스도인'(Christian)을 상징하는 C가 더 붙은 NCCAA(미국신학대학체육협회)이었다. 농구는 내 정체성의 상당 부분을 구성했다. 그러나 NBA(미국프로농구연맹)에서는 신학대학 선수를 선발하지 않는 것이 엄연한 현실이었다. NBA에서 신인 선수를 선발하던 날, 나는 혹시나 하는 마음으로 애타게 전화를 기다렸다. 하지만 결국 연락이 오지 않았다.

농구선수로서 나의 경력이 끝났을 때 나의 일부는 죽었다. 바로 농구를 토대로 정체성을 확립한 부분이었다. 그런 일이 인생의 주된 변화를 겪을 때마다 일어나는 일이다. 정체성의 토대, 즉 안정감을 느꼈던 곳이 바뀌면 우리는 발붙일 데를 잃는다. 졸업하거나, 결혼하거나, 이사하거나, 은퇴하는 날에 만감이 교차하는 것도 그런 이유 때문이다.

그런 날 우리는 인생의 새로운 장(chapter)을 시작한다. 그것은 무척 기대되고 설레는 일이다. 그러나 애석한 일이기도 하다. 학교를 졸업하면 학생의 신분을 토대로 확립했던 정체성이 죽는다. 이십 대로 접어들면 십대 시절을 토대로 한 정체성이 죽고, 결혼하면 독신 상태를 토대로 했던 정체성이 죽고, 은퇴하면 일을 토대로 했던 정체성이 죽는다. 하락세다. 그러나 다시 상승세를 탈 수 있다. 그리스도를 토대로 정체성을 확립하면 정체성의 위기를 완벽하게 피할 수 있다. 그때 우리는 결코 중단되지 않는 주님의 견고한 사랑에서 안정감을 얻게 된다. 어제나 오늘이나 영원토록 동일하신 분 안에서 정체성을 발견하게 된다. 예수 그리스도께서 당신의 모퉁잇돌이 되신다.

✚ 필사적인 행동

하나님께서는 형식에 대해서 전혀 관심이 없으셨다. 만일 그렇다면 예수님은 바리새인들을 제자로 삼으셨을 것이다. 하나님은 필사적으로 하나님을 갈망하는 사람들, 그래서 하나님을 예배하기 위해 어리석은 일도 서슴지 않는 사람들을 찾고 계신다. 복음서에서 예수님이 칭찬하신 사람들을 보라. 그물을 버리고 예수님을 따른 어부들, 어떤 바리새인의 집에서 열린 잔치를 망쳐놓은 창녀, 예수님을 보고 배에서 뛰어내려 해변까지 헤엄쳐간 제자, 관습에 얽매이지 않고 중풍병자를 예수님께 달아 내린 네 친구들, 예수님을 보기 위해 정장 차림으로 뽕나무에 올라간 세리장. 이들은 모두 예수님으로부터 칭찬을 받았다.

'종교'(Religion)는 전적으로 형식이다. 그러나 예수님을 따르는 삶은 필사적인 태도와 관계가 있다. 필사적인 태도는 우리를 필사적으로 갈망하시는 하나님과 하나님을 필사적으로 갈망하는 우리와 관계가 있다. 기꺼이 40일 금식기도를 하고, 기꺼이 모든 것을 가난한 이들에게 나눠주고, 기꺼이 철야 기도를 하고, 하나님과 우리의 관계를 회복시키기 위해 기꺼이 십자가에 매달리는 필사적인 태도이다.

필사적인 사람은 필사적으로 행동한다. 다윗이 군중 앞에서 옷을 벗을 때 그런 것이 아니었을까? 다윗은 막중한 책임에 압도되었다. 당신이라도 그랬을 것이다. 이스라엘 전체의 꿈과 희망이 그의 어깨에 달려 있었다. 그 중압감을 상상해보라. 다윗에게는 하나님이 필요했다. 아니, 다윗은 하나님만을 필사적으로 갈망했다. 그래서 왕의 체면과 위신을 다 집어던지고 많은 사람들 앞에서 옷을 벗고 덩실덩실 춤을 추며 하나님을 찬양했다.

내가 어릴 때부터 다닌 교회에서는 특별히 기도받기 원하는 사람들을 제단 앞으로 부르는 전통이 있었다. 그런데 기도를 받기 위해 제단 앞으로 걸어갈 때마다 그 순간이 어색하게 느껴졌다. 마치 사람들이 내가 무슨 잘못을 저질렀는지 궁금하게 여기는 것 같았기 때문이다. 제단 앞으로 나가는 행동은 죄책감이나 필요나 의심이 있다는 것을 인정한다는 의미였고, 나는 그런 사실을 인정하는 것이 어색했다. 그러나 내 인생의 중요한 영적 돌파의 순간들 중 몇 가지가 바로 그 제단 앞에서 일어났다.

나는 하나님께서 그런 제단의 순간들을 사용하시는 이유가, 사람들이 보는 앞에서 제단으로 걸어가는 행동이 어색한 경험이기 때문이라고 생각한다. 나는 어색하게 보이거나 어색하게 느끼거나 어색하게 행동하지 않아도 되는 곳에는 평생 가고 싶지 않다. 왜냐하면 어색함이야말로 영적 성장의 촉매이기 때문이다. 제단에 무릎을 꿇거나, 말도 안 되는 성령의 재촉에 순종하거나, 친한 친구와 불편한 대화를 하는 등 어색한 느낌이 드는 일들을 기꺼이 하고자 하는 마음이 있는가? 그렇다면 당신은 하나님께 쓰임 받을 수 있다.

얼마 전 나를 신임하는 전국 목회자 모임에서 강연을 한 것은 내게 아주 특별한 영예였다. 그런데 내가 강연을 한 그날 밤, 모임을 총괄하는 목사님이 설교를 하면서 청중들을 제단 앞으로 초대했다. 1만 명 정도의 목회자들이 모여 있었는데, 내 마음 한편에서 그냥 가만히 앉아 있고 싶다는 유혹이 찾아왔다. 그러나 나는 그 행사의 강사였고, 성령의 이끄심을 느끼고 순종해야 한다는 것을 잘 알고 있었다. 하나님께 더 많이 쓰임 받을수록 자기 자신을 어색한 상황에 빠트리면 안 된다거나, 혹은 그런 수준을 넘어서는 존재로 여기기 쉽다. 그러나 하나님을 의지하는 태도를 잃으면 결국 하나님의 능력도 잃고 자신의 미약한 힘만 남게 될 뿐이다.

그날 밤 나는 제단 앞으로 나가 목회자들 중에서도 가장 연로한 분을 찾아갔다. 아주 오랜 세월 동안 예수님과 대화를 나눈 목사님의 기도를 받고 싶었기 때문이다. 그날 나를 위해 기도해준 목사님이 누구인지는 잘 모르겠다. 그러나 그 목사님이 기도를 시작하자마자 나는 그만 울어버렸다. 정말 어색했다. 그러나 그것이 옳은 행동이라는 것을 알고 있었다.

지금 나는 사역과 내 삶에서 어색함을 갈망하는 지점에 와 있다. 어색하게 느끼고 싶고, 다른 사람들에게 어색하게 보이고 싶다. 왜? 내가 안주하거나 무난한 것에 만족하지 않는다는 뜻이기 때문이다. 어색함을 피하지 말자. 그것을 만들고, 일구고, 기념하자.

최근에 나는 내셔널커뮤니티교회 사역자들에게 이렇게 말했다.

"사람들에게 어색한 느낌을 주는 일들을 더 많이 해야 합니다."

나는 그 말이 진리를 좇아 교회에 온 사람들에게 민감하게 들리지 않는다는 것을 알고 있다. 설명하면 이렇다. 편안함은 영적 성장을 방해한다. 사람들이 편안하게 느끼는 환경을 만들면 종종 미성숙한 제자들을 낳기도 한다. 내가 하는 일은 괴로워하는 사람들을 편안하게 하는 것이 아니다. 편안한 사람들을 괴롭게 하는 것이다. 오해하지 말라. 교회로서 내셔널커뮤니티교회의 목표는 그리스도의 말씀에 대해서 깊이 생각하지 못하도록 막는 모든 사회적 장벽들을 제거하는 것이다.

어차피 사람들이 교회를 고운 시선으로 보지 않는다면, 나는 그리스도의 십자가로 그들을 불쾌하게 만들고 싶다. 유감스럽지만 우리는 사람들이 그리스도의 십자가에 불쾌감을 느낄 기회조차 주지 않는다. 왜냐하면 그전에 우리가 다른 여러 장벽들로 그들에게 불쾌감을 주기 때문이다. 그래서 우리 교회는 그런 장벽들을 없애기 위한 환경을 조성하기 위해 열심히 노력하고 있다. 사람들이 예배 장소인 영화관 내의 어두운 곳에 앉아 복음에 대해 깊이 생각하도록 하고, 결국 그들이 어두운 곳에서 나와 빛 안으로 들어가기를 바라고 있다. 사람들을 편안하게 해주는 봉사(service)는 사람들에게 몹쓸 짓(disservice)을 하는 것이다. 돌파는 어색함의 결과로 일어난다.

결코 안전하게 보이지 않는 무언가를 말하거나 행하라고 재촉하시는 성령님을 느껴본 적이 있는가? 성령님이 주시는 확신과 씨름해본 적이 있는가? 하나님의 영께서 터무니없어 보이는 어떤 계획을 마음에 심어주신 적이 있는가? 이럴 경우 우리는 공통적으로 어색함을 느낀다. 하나님의 뜻을 행하는 데는 언제나 어색하고, 불편하고, 꺼려지는 느낌이 뒤따른다. 성령에 순종하는 사람은 자신이 미쳤다고 느끼지 않겠지만, 하나님의 음성을 듣지 못했거나 마음에 심어주신 무언가를 느끼지 못한 사람들에게는 그런 사람이 미친 사람처럼 보일지도 모른다. 군중 앞에서 옷을 벗고 춤을 춘 다윗이 그렇게 보이지 않았을까?

다윗의 아내는 그가 왕으로서의 위엄을 잃었다고 생각했고, 신하들은 그가 정신이 나갔다고 느꼈다. 그러나 사람들이 당신에 대해 그렇게 생각할 때가 바로 자존심을 없앨 때이다. 그럴 때 자존심을 버리지 않는다면 당신의 마음이 굳어지고 영혼이 고통당할 것이다. 하지만 자존심을 버릴 때 그 작은 발걸음이 하나님이 주신 사명을 향한 거대한 도약이 될 것이다.

✚ 어색한 기적

몇 개월 전 한 영화관에서 예배를 드릴 때 청중들을 제단 앞으로 초대하면서 예배를 끝마쳤다. 어색했다. 이적을 원하는 사람이 있으면 영화관 무대 앞으로 나오도록 요청했지만 다들 제자리에 머물러 있었기 때문이다. 강단이나 무대에 서서 기도를 받으러 나오는 사람들을 기다릴 때 그런 무반응을 보이면 정말 어색하다. 그런데 그때 늘 그렇듯 한 사람이 용기를 내어 앞으로 나왔고 그러자 그 발걸음을 따라 많은 사람들이 앞으로 나왔다.

우리 교회 사역자들이 앞으로 나온 사람들을 위해 한 명씩 기도를 했는데, 그때 나는 르네라는 여성을 위해 기도했다. 선교 단체를 운영하고 있는 그녀에게 나는 어떤 이적이 필요한지 물었다. 그러자 아프리카 콩고에 60명의 어린아이를 수용할 수 있는 고아원을 열기 위해 준비 중인데 그곳에 1만 5천 달러가 필요하다고 했다. 그 순간 나는 그녀를 위해 기도할 뿐만 아니라 성령의 인도함대로 자발적인 헌금을 거두기로 했고, 그날 그 자리에서 5천 달러 이상을 모을 수 있었다. 그다음 주에 내셔널커뮤니티교회의 또 다른 예배 장소에서 그 이야기를 전했을 때 1만 달러 이상을 모으게 되었다. 그렇게 2주 만에 1만 7천 달러를 모아 부모와 집을 잃은 60명의 어린아이들에게 보금자리를 마련해주었다.

이때 우리가 주목해야 할 것이 있다. 만일 르네가 그 자리에 그냥 머물러 있었다면 그런 이적은 일어나지 않았을 거라는 사실이다. 그녀가 제단 앞으로 나오지 않았다면 우리는 그 고아원에 대해 전혀 몰랐을 것이고, 따라서 60명의 고아들에게 아무 도움도 주지 못했을 것이다. 그러나 그녀는 자신을 기꺼이 어색한 상황에 빠뜨렸고 바로 그 자발성이 콩고의 고아 60명을 위한 이적으로 바뀌게 된 것이다.

그날 예배를 드리고 밖으로 나오는 길에 르네가 했던 말을 나는 결코 잊지 못할 것 같다.

"앞으로 나가기가 얼마나 어려웠는지 목사님은 모르실 거예요."

나 역시 그런 요청을 받아보았고, 기도를 받으러 제단 앞으로 나간 적도 있었기 때문에 그 행동이 얼마나 어려운지 정확히 알고 있다고 그녀에게 말해주었다. 물론 그런 행동은 어색하다. 그러나 그 어색함이야말로 당신과 당신의 인생의 이적 사이에 있는 유일한 장애물이다. 어색함을 무릅쓰고 이적을 체험해야 한다. 그러면 그다음부터 그런 어색함을 열망하게 된다. 어색함, 그 거룩한 창피함을 그대로 받아들여라. 그렇게 할 때 어색한 순간들이 당신 인생의 결정적인 순간들, 기적적인 순간들로 바뀔 것이다.

당신과 당신을 향한 하나님의 계획 사이에 있는 유일한 장애물은 어색함이다. 어색함을 받아들일 준비가 되었는가? 치렁치렁한 왕의 도포를 벗고, 또 다른 자아를 버리고, 창피함을 감수하며 하나님의 계획 속으로 들어가라. 그리고 그 길을 가는 동안 자신을 비웃는 것을 잊지 말라.

창피당하는 것을 좋아할 사람은 아무도 없다. 그러나 가식의 짐으로 부터 우리를 자유롭게 풀어주는 데는 창피한 상황만 한 것이 없다. 영혼의 지문을 알고 싶다면 창피함을 받아들여야 한다. 다시 말하자면, 지금까지는 거짓된 것들에서 정체성을 발견해왔더라도, 이제는 그것을 기꺼이 벗어던질 필요가 있다는 것이다. 세상에 보여줄 목적으로 수고스럽게 쌓아 올린 몇 가지 이미지보다는 그리스도 안에서 정체성을 발견하는 것이 훨씬 낫다. 그렇기 때문에 우리는 하나님의 뜻대로 행하는 어색함을 받아들여야 한다. 부끄럽지만 우리가 영적으로 아무것도 걸치지 않을 때 하나님께서 정체성이라는 외투를 입혀주실 것이기 때문이다.

어쩌면 지금 하나님께서 당신에게 어색함이나 창피함을 받아들이라고 명하고 계신지도 모른다. 그것이 어떤 방식이라고 생각하는가? 어색함이나 창피함을 받아들이면 자기발견의 여정에 어떤 유익이 있을 것이라고 생각하는가?

SCENE 5

죄를 자백하는 사람

자신과 하나님 앞에서 죄를 인정해야 한다

그해가 돌아와 왕들이 출전할 때가 되매 다윗이 요압과 그에게 있는 그의 부하들과 온 이스라엘 군대를 보내니 그들이 암몬 자손을 멸하고 랍바를 에워쌌고 다윗은 예루살렘에 그대로 있더라 _삼하 11:1

'조하리의 창'(Johari Window, 나와 타인과의 관계에서 내가 어떤 상태에 처해 있는지 보여주고 그것을 통해 어떻게 개선해 나가면 좋은지 보여주는 분석틀) 이론은 인간의 성격 연구에 관한 매력적인 모형이다. 나는 대학원에 서 심리학을 공부하며 처음으로 조하리의 창을 통해 나를 들여다보 는 시간을 가졌다. 이 이론이 모델로 제시하는 창에는 네 개의 창문 이 있는데, 어떤 사람의 정체성도 네 가지 다른 창으로 드러낸다. 그리고 그 네 개의 창문을 통해서 자신을 들여다볼 때 자기발견의 과정에서 새로운 국면에 도달할 수 있다. 조하리의 창을 통해서 자 신을 들여다보는 작업은 자신의 영혼의 지문을 네 가지 다른 각도 로 보는 일이다.

첫 번째 창문은 공개적 영역(arena quadrant)으로, 나도 알고 있고 다른 사람들도 알고 있는 나에 대한 정보들로 구성되어 있다. 이것은 사람들이 나를 볼 때의 내 모습과 내가 사람들에게 보이는 내 모습을 말한다. 그러나 사람들이 나를 보았을 때 알고 있는 정보는 빙산의 일각에 지나지 않을 만큼 그 깊이가 얕다.

두 번째 창문은 숨겨진 영역(facade quadrant)으로, 나는 알고 있지만 다른 사람들에게는 알려지지 않은 정보로 구성되어 있다. 이것은 아무도 지켜보지 않았을 때의 내 모습으로, 예절 바른 겉모습을 벗었을 때 내가 보이는 모습이다. 겉모습 이면에 있는 깊은 실망, 말로 표현하지 못한 숨겨진 꿈, 맞서 싸우지 못한 은밀한 죄가 여기에 포함된다. 이것은 좋든 싫든 내가 '나'라고 알고 있지만 때로는 드러내기 두려워하는 모습이다.

세 번째 창문은 맹목의 영역(blind-spot quadrant)으로, 다른 사람들은 알고 있는데 나는 알지 못하는 나에 대한 정보들로 구성되어 있다. 다른 사람들은 나에게서 보지만 나는 보지 못하는 것들이다. 이 영역에는 내가 나에게서 보지 못하는 잠재력을 나에게서 보는 예언자가 필요하다. 또한 내가 어떤 점에서 바뀌어야 하는지 지적해줄 용기를 지닌 참된 친구가 필요하다. 누군가 나에 대해 솔직히 말해주지 않으면 나는 나의 맹점이 무엇인지 결코 깨닫지 못할 것이다.

네 번째 창문은 미지의 영역(unknown quadrant)으로, 나도 모르고 다른 사람들도 모르는 나에 대한 정보들로 구성되어 있다. 하나님 앞에서 나의 진짜 정체성은 모든 것을 보시는 분의 눈에만 보이고, 다른 사람들의 눈에는 보이지 않는 것들이다. 여기에는 성령님이 중요한 역할을 하신다. 성령의 눈을 통해 나를 봄으로써 비로소 내가 어떤 사람이 될 수 있는지 깨달을 수 있다. 자기발견의 열쇠는 나를 어머니 배 속에서 빚으신 분께서, 그분의 계시가 없다면 나에 대해 알 수 없는 것들을 계시해주시는 태도이다. 하나님은 내가 아는 것보다 나를 더 잘 알고 계신다. 나를 설계하고 만드셨기 때문이다. 따라서 나를 알고 싶으면 하나님을 알아야 한다.

20세기 최고의 기독교 지성이라 불리는 C. S. 루이스는 《순전한 기독교》(Mere Christianity)에서 이렇게 말했다.

"당신의 진짜 자아, 새로운 자아는… 그것을 찾고 있는 한 오지 않을 것이다. 하나님을 찾고 있을 때 올 것이다."

나 자신을 발견하고 싶다면 하나님을 찾아야 한다. 하나님을 모르는 삶은 나를 모르는 삶과 같기 때문이다. 당신이 하나님을 무시하며 살아갈 수 있지만, 만일 그렇게 한다면 언제나 자신에 대해 전혀 모르는 사람으로 남을 것이다. 그러나 미지의 영역으로 들어갈 용기가 있다면 지금까지 살면서 발견하지 못한 차원, 곧 하나님이 주신 정체성과 하나님이 정해놓으신 나를 향한 하나님의 계획을 발견할 수 있을 것이다.

많은 사람들이 다른 사람들에게 보이기 위한 공개적 영역이나 본래의 자기가 아닌 모습을 가장하는 숨겨진 영역에서 인생의 대부분의 에너지를 소비하며 살아간다. 그러나 계시와 돌파는 자신이 발견하지 못하는 세 번째와 네 번째 영역에서만 일어날 수 있다.

사람들은 자신에 대해 전혀 모르는 삶에 만족해한다. 그러나 그런 허울에서 나와야 참된 자유를 발견할 수 있다. 정직하게 자기를 점검해야만 한다. 물론 그 과정이 영적으로 고통스럽지 않거나 정서적으로 피곤하지 않으리라 약속하지는 못하겠다. 그 과정에서 깨달은 진실이 전부 마음에 들지 않을 수도 있을 것이다. 그러나 영혼의 지문을 발견하기 원한다면 다른 대안이 없다. 세 번째 창문과 네 번째 창문을 통해서 오랫동안 정직하게 자기를 점검해야 한다. 그런 자기점검(self-examination)은 다윗이 나단 선지자의 도움을 받아 자신의 겉모습 뒤에 감추어진 실상을 꿰뚫어 보았던 장면에서 확인할 수 있다.

⁺ 게으른 눈

다윗은 경기장을 활보하던 시절을 그리워하는 은퇴한 운동선수처럼, 선거유세장을 그리워하는 은퇴한 정치인처럼, 전장에 나갔던 시절을 그리워하고 있었다. 아드레날린의 분출, 전장 숙영지에서 느꼈던 전우애, 그리고 다음 날 신문에 대서특필 되었던 일들을 추억했다. 다윗은 이제 더 이상 역사를 만들어가지 않았다. 다윗이 곧 역사였다.

다윗은 지루했다. 바로 그 지루함이 죄의 모판이다. 우리가 죄를 짓는 것은 그보다 더 좋은 일이 없기 때문이다. 그렇다면 죄를 해결하는 방법은 단 하나, 하나님이 주시는 비전뿐이다. 크신 하나님께 맞는 비전에 열중하게 되면 죄를 지을 시간이나 에너지가 줄어든다. 하나님을 섬기느라 너무 바빠서 하나님을 거역하고 죄지을 수가 없다. 바쁘게 하나님을 섬기지 않으면 오히려 하나님을 거역하고 죄짓는 것이 쉬워진다. "게으른 손은 사탄의 작업장이다"라는 격언이 있다. 그런데 이것은 '게으른 눈' 역시 마찬가지이다.

그해가 돌아와 왕들이 출전할 때가 되매

다윗이 요압과 그에게 있는 그의 부하들과

온 이스라엘 군대를 보내니

그들이 암몬 자손을 멸하고 랍바를 에워쌌고

다윗은 예루살렘에 그대로 있더라

저녁 때에 다윗이 그의 침상에서 일어나

왕궁 옥상에서 거닐다가 그곳에서 보니

한 여인이 목욕을 하는데 심히 아름다워 보이는지라

다윗이 사람을 보내 그 여인을 알아보게 하였더니

그가 아뢰되 그는 엘리암의 딸이요

헷 사람 우리아의 아내 밧세바가 아니니이까 하니

삼하 11:1-3

군사들은 모두 출전했는데 왕은 희희낙락이었다. 책임감이 흐트러지자 다윗의 일상도 바뀌었다. 원수 사탄의 유혹 전략에는 새로운 점이 조금도 없다. 우리가 하나님나라를 위하여 공세를 취하지 않으면 원수 사탄이 공격하여 우리를 수세로 몰아넣을 것이다. 다윗은 최전방에서 병사들을 결집시켜야만 했다. 그런데 그렇게 하는 대신 후방에서 자신을 곤란에 빠트리는 일을 했다. 바로 그 순간이 사탄이 최선의 상태에 있고 우리가 최악의 상태에 놓이는 때이다.

다윗이 지난날 전투의 영광을 떠올리며 궁전 옥상 테라스를 거닐고 있었다. 이쪽저쪽 곁눈질하다가 목욕하는 밧세바가 눈에 들어왔다. 눈에 들어온 시각 정보가 시각 피질에 도달하자 다윗은 선택의 기로에 섰다. 볼까? 말까? 아주 단순하지만 어려운 선택이다. 사울의 겉옷자락을 가만히 베었던 그날 죄를 일깨워주었던 양심은 다윗에게 보지 말라고 했지만, 다윗은 양심의 소리를 듣지 않았다. 유혹이 죄로 바뀌는 순간이다.

죄의 동기를 분석하기는 어렵다. 그러나 다윗이 남성성의 문제로 몸부림치고 있었을지, 혹은 마음으로 괴로워하거나 중년의 위기를 겪고 있던 것은 아니었을지 짐작해볼 뿐이다. 위대한 전사 다윗은 더 이상 전장에 나가 싸우지 않는다. 신문의 머리기사를 장식할 일도 없다. 전사가 전쟁에 나가지 않으면 다른 정복 대상에게로 시선을 돌리는 유혹에 빠지기 마련이다. 전사가 전쟁에 나가지 않을 때 넘치는 남성호르몬을 어디에 쏟겠는가? 전사가 은퇴하면 어디에서 정체성을 찾겠는가? 이럴 경우 성별이나 직업에 상관없이 모든 사람들이 똑같은 위기상황을 맞이한다. 우리가 거룩한 목표를 추구하지 않으면 그때 다시 죄악의 습관에 빠진다.

우리는 다양한 형태의 죄를 짓지만, 그중에서도 가장 많이 짓는 죄가 있다. 소위 '정당하지만 불법적인 죄'(legitimate illegitimate sin)라고 부르는 형태의 죄이다. 우리는 정당한 필요를 불법적인 방법으로 충족시키려고 한다. 하나님께서 우리의 정당한 필요를 합법적인 방법으로 채워주실 때까지 참을성 있게 기다리지 못하고 처방전 없이도 살 수 있는 빠른 해결책을 찾아 나선다.

우리에게 정당하게 필요하다는 것이 그 죄가 무해한 것처럼 보이게 만든다. 그리고 "하나님은 내가 행복하기를 원하셔!"라는 이기적인 합리화로 그것을 정당화시킨다. 하나님께서 우리가 행복하기를 바라시는 것은 분명한 사실이다. 그러나 우리가 죄의 지름길로 갈 때마다 진정한 행복에 문제가 생긴다. 죄가 주는 즐거움은 순간이지만 죄가 가져다주는 고통은 오래 지속된다. 이렇듯 죄를 짓는 것은 우리 영혼의 지문을 팔아버리는 일이다. 에서가 팥죽 한 그릇에 야곱에게 장자권을 팔아버린 것만큼이나 어리석은 짓이다. 따라서 죄를 지으면 하나님의 계획을 이루지 못하게 되고 결국 인생이 끝나는 날 가장 통탄하고 후회하게 된다. 죄는 하나님도 당신 자신도 멸시한다.

✛ 도덕적 정직성

나는 더 이상 죄에 놀라지 않는다. 죄를 자백하는 말을 많이 들어보았기 때문이 아니다. 나는 정말 많은 사업가들에게 조언을 해주었다. 하지만 단지 사업체를 잘 관리한다고 해서 그들이 자기 자신도 잘 관리하는 것은 아니라는 사실을 알았다. 많은 정치인들과 함께 기도했다. 하지만 선거에서 이기기만 한다고 해서 그들이 자기 자신을 마음에 들어 하는 것은 아니라는 사실을 알았다. 사적인 자리에서 정말 많은 목회자들과 이야기를 나누었다. 하지만 다른 사람들을 섬기며 사역하고 있다고 해서 그들이 죄와의 싸움에서 이기는 삶을 살아가는 것은 아니라는 사실을 알았다.

죄의 자기기만(self-deception)이야말로 우리의 잠재적 범죄(sin) 능력을 능가하는 무제한의 능력일지 모른다. 그래서 나는 더 이상 죄에 놀라지 않는다. 나를 놀라게 하는 것은 죄를 자백하는 용기를 지닌 사람이다. 어떤 사람이 죄를 자백할 때 나는 결코 그 사람을 이전보다 낮게 평가하지 않는다. 언제나 더 높이 평가한다. 그 사람이 다른 사람들이 모두 부정하는 사실을 인정하는 용기를 지녔기 때문이다.

성도가 성화의 과정을 거치면 죄를 더 적게 짓는 삶을 살게 된다. 그러나 성화의 과정은 죄를 더 적게 짓는 삶 그 이상이다. 성화의 과정은 또한 우리가 얼마나 죄로 물들었는지 인정하는 삶과 관계가 있다. 우리의 행동과 결정에 영향을 끼치는 나쁜 동기에 대한 높아진 인식을 갖게 된다는 것이다. 우리는 우리의 악함(sinfulness)을 너무 자주 과소평가하고 그럼으로써 하나님의 의(righteousness) 역시 과소평가한다. 우리가 죄를 가볍게 여길 때 우리는 하나님의 은혜를 가볍게 여긴다.

다윗은 하나님의 마음에 맞는 사람이었다. 그러나 그런 호칭은 그가 도덕적으로 완전무결하기 때문이 아니었다. 다윗을 하나님의 마음에 맞는 사람으로 만든 요인은 도덕적 정직성이었다. 처음에 다윗은 살인을 저지르면서까지 밧세바와의 간통 사건을 은폐하려고 시도했다. 자신의 범죄 사실에 대해 자동적으로 그렇게 반응했다. 그러나 하나님이 보내신 나단 선지자로부터 책망을 받고 죄를 자백할 용기를 냈다. 다윗은 매우 공개적인 자백을 했다. 아마 역사상 가장 공개적인 자백일 것이다. 수천 년 동안 헤아릴 수 없이 많은 사람들이 다윗의 자백을 읽었을 테니 말이다. 다윗은 가장 통탄할 죄를 자백한 직후 구속의 은혜를 가장 잘 표현한 시편을 썼다. 시편 51편에서 그는 자신의 삶의 숨겨진 영역으로 그리고 맹목의 영역으로 우리를 데려가서 정말 보기 드문 꾸밈없는 정직성을 보여준다.

무릇 나는 내 죄과를 아오니

내 죄가 항상 내 앞에 있나이다

내가 주께만 범죄하여

주의 목전에 악을 행하였사오니

주께서 말씀하실 때에 의로우시다 하고

주께서 심판하실 때에 순전하시다 하리이다

내가 죄악 중에서 출생하였음이여

어머니가 죄 중에서 나를 잉태하였나이다

시 51:3-5

거룩한 최선

어릴 때 배웠던 동요를 기억하는가?

험티 덤티가 담장 위에 앉아 있어요.
험티 덤티가 심하게 떨어졌어요.
왕의 모든 말들과 신하들도
험티를 다시 붙여놓지 못했어요.

우리는 모두 인생길 어느 시점에서 험티(Humpty, 영국 동화에 등장하는 계란형 모양의 캐릭터)가 된 것처럼 느낀다. 담장에서 떨어진 계란처럼 인생이 산산조각 나고 마음이 부서져 원래대로 되지 못할 것처럼 무력감과 절망감에 사로잡혀 있다. 심지어 우리의 인생이라는 조각 퍼즐이 마침내 어떤 모습이 되어 있을지 기억하지 않는다. 이것은 마치 우리 영혼의 지문이 어떤지 보여주는 내용 설명서를 잃어버리는 것과 같다. 우리는 우리가 누구인지 망각한다. 우리가 누구의 것인지 망각한다.

다윗도 간통을 저지른 뒤에 그렇게 느꼈을 것이다. 그는 완전히 망했다. 위엄은 사라졌고, 평판은 떨어졌으며, 마음은 굳어버렸다. 그리고 마침내 영적인 한계 상황에 도달했다. 한계 상황에 도달하는 것을 좋아하는 사람은 아무도 없다. 거기까지 이르면 가장 두렵고, 외롭고, 약해진다. 그러나 때로 우리는 한계 상황에 이르러서야 비로소 하나님을 향해 손을 뻗는다. 그리고 그 밧줄 맨 끝에서 매듭 하나를 발견한다. 바로 하나님의 자비이다. 하나님의 자비는 우리가 영적인 자유 낙하를 멈출 수 있도록 잡아주는 유일한 방법이다.

미국의 작가이며 신학자인 프레드릭 뷰크너(Frederick Buechner)는 자신의 회고록 《하나님을 향한 여정》(The Sacred Journey)에서 소년 시절에 겪은 아버지의 자살에 대해 기록했다. 그는 이런 경험을 통해 자신의 영혼이 산산이 부서졌지만, 고통스러운 회복 과정을 지나면서 상한 마음을 고치시는 하나님의 능력을 발견했다고 고백한다.

"부서진 인생을 원래대로 다시 붙이는 일에 대해 말하자면… 인간적인 최선은 거룩한 최선과 대립하는 경향이 있다."

'인간적인 최선'과 '거룩한 최선'을 구별하는 것은 쉽지 않다. 우리가 대부분 거룩한 최선을 경험하지 못하는 이유도 인간적인 최선의 노력으로 자신을 스스로 보수해보려고 애쓰기 때문이다. 그러나 문제를 해결하려는 인간적인 시도가 문제를 더 복잡하게 만들고 악화시킨다. 뷰크너는 그런 생각을 계속 피력한다.

"자신이 할 수 있는 최선을 다하는 것, 이를테면 가장 가혹하고 가장 나쁜 상태의 세상에서 이기기 위해, 살아남기 위해 주먹을 불끈 쥐는 것은, 하나님께서 당신을 위해서 그리고 당신 안에서 한층 더 경이로운 무언가를 행하시지 못하게 한다." [8]

우리는 부서진 자신을 수리하기 위해 열심히 노력한다. 그러나 우리 능력으로 해결하지 못하는 문제, 치료하지 못하는 아픔, 잊지 못하는 기억들이 있다. 그런 것들을 어떻게 처리할까? 과거의 상처라는 감옥에서 어떻게 벗어나야 할까? 끈질기게 괴롭히는 후회를 어떻게 이겨낼 수 있을까? 유일한 해결책은 하나님께서 우리 마음과 생각과 영을 새롭게 하시도록 허락하는 것이다. 그리고 그런 일이야말로 하나님의 전공 분야이다.

C. S. 루이스는 말했다.

"내가 예수님을 내 인생에 초대했을 때 나는 예수님이 내 인생의 집에 벽지를 새로 바르고 그림 몇 점을 걸 것이라고 생각했다. 그러나 예수님은 벽을 때려 부수고 방을 더 만들기 시작하셨다. '저는 근사한 오두막을 예상하고 있었어요!' 내가 예수님께 아뢰었다. 그러나 예수님은 '나는 궁전을 짓고 있는 중이야!'라고 말씀하셨다." [9]

다윗 왕은 궁전에서만 산 것이 아니다. 그가 궁전이었다. 당신도 마찬가지이다. 당신은 하나님의 전(temple)이다. 하나님께서는 당신 안에 거하기를 원하신다. 그러나 하나님이 당신 안에서 살아가시려면 대대적인 보수공사가 필요하다. 그 공사는 종종 파괴 작업부터 시작된다. 하나님께서는 우리 인생의 기초를 다시 세우기 위해 우리의 겉모습을 다 허물고자 하신다.

이것이 바로 하나님이 최근 몇 주간에 걸쳐 내 삶에서 하신 일이었다. 목회를 시작하고 나서 처음으로 안식년을 가졌을 때의 일이었다. 재충전의 시간이었다고 말할 수 있으면 좋으련만 절대 그렇지 않았다. 그 기간에 나는 정서적으로 기진맥진했다. 마치 하나님께서 나를 헛간 뒤로 데려가 혼쭐을 내신 것처럼 그랬다. 하나님께서는 나에 관한 몇 가지 진실을 밝혀주셨다. 알고 싶지 않지만 그렇다고 무시해서는 안 될 진실들이었다.

목회자 신분을 내려놓자 나 자신을 있는 그대로 볼 수 있었다. 그러나 그때 본 모든 것들이 마음에 들지 않았다. 사람들에게 필요한 목회자가 되어야 한다는 욕구가 내 마음속에 견고히 자리 잡고 있어서 떼어내기가 너무 어려웠다. 감지하지 못할 정도로 교묘한 몇 가지 죄들이 여전히 흉측하게 고개를 쳐들고 있었다. 오래전에 매장했다고 생각한 나쁜 습관들이 목숨 줄을 아홉 개나 달고 되살아난 것 같았다. 솔직히 안식년 기간에 나는 영적으로 고통스러웠다. 내 자아가 얼마나 연약한지, 나의 우선순위가 얼마나 어긋나 있는지도 깨달았다. 처리해야 할 여러 문제에 매몰된 느낌이었다. 안식년이 끝났을 때 나는 한 가지 결론을 내렸다. 내가 나 자신을 수리하지 못한다는 사실이다. 그리고 이런 나에게는 나를 구원해줄 하나님이 필요했다.

바로 그것이 다윗이 간통을 범한 뒤 도달한 결론이었다. 다윗은 자신을 고치지 못했다. 그 사실이 소름 끼치도록 무섭다. 그러나 그 깨달음은 종종 어떤 사람의 인생의 전환점이 되기도 한다. 때로 하나님께서는 우리 삶이 산산이 붕괴된 후에 비로소 우리를 다시 세워주시거나, 혹은 다시 세우실 것이다.

유대인들은 매일 기도할 때 시편 51편을 읽는다. 그러나 묵상기도를 준비할 때는 특별히 단 한 구절, 17절을 하루 세 차례 암송한다. 그 구절은 우리의 깨어짐뿐만 아니라 하나님의 거룩하심을 일깨워준다.

> 하나님께서 구하시는 제사는 상한 심령이라
> 하나님이여 상하고 통회하는 마음을
> 주께서 멸시하지 아니하시리이다
> 시 51:17

어쩌면 당신은 부서진 자신을 고치기 위해 애쓰기보다 자신을 있는 그대로 받아들일 필요가 있을지도 모른다. 당신의 부서짐이 변장한 축복일 수도 있으니 말이다. 엄마가 우는 아기에게 이끌리듯 하나님께서는 부서진 인간에게 끌리신다. 만일 하나님께서 그렇게 하시도록 당신이 따르기만 한다면 하나님은 당신을 다시 붙여놓으실 것이고, 어느 날 당신은 그 부서짐이 하나님으로부터 오는 선물임을 기념하게 될 것이다. 하나님의 거룩하심이 가장 선명하게 드러날 때는 우리가 부서졌을 때이다.

✦ 완벽한 천재성

하나님께서는 우리의 영혼의 지문을 밝혀주시려고 우리의 부서짐을 사용하신다. 우리를 향한 하나님의 계획은 종종 불행과 실패 가운데 드러난다. 어쩌면 우리는 그런 상황에서 그런 식으로 하나님의 계획을 발견하고 싶어 하지 않을지도 모른다. 그러나 우리가 그런 비극과 고통과 문제들을 헤치고 나갈 때, 다른 사람들이 비극과 고통과 문제를 헤쳐 나갈 수 있도록 도울 수 있다.

작가이자 시인인 로버트 블라이(Robert Bly)는 그의 저서《남자만의 고독》(Iron John)에서 "어떤 사람의 상처가 있는 곳, 바로 거기에 그 사람의 천재성이 있을 것이다"라고 말했다. 다윗의 경우가 분명히 그랬다. 시편은 다윗의 완벽한 천재성이 엿보이는 작품이다. 그러나 시편에 드러난 그의 천재성은 고통에서 나온 결과였다. 시편의 위대한 시들은 다윗 생애의 가장 고통스러운 경험에서 비롯되었다.

'음주운전방지 어머니회'(Mothers Against Drunk Driving)는 음주운전을 막아보려는 숭고한 목표로 30년이 넘도록 사람들의 의식을 고취시키고, 입법을 추진하고, 3백만 명 이상의 회원을 모집했다. 이 단체가 얼마나 많은 사람들의 생명을 구했는지 정확히 알기는 어렵지만 그들은 분명히 영향을 끼쳤다.

생명을 구하는 그들의 임무가 어떤 한 사람의 비극적 죽음에서 비롯되었다는 사실을 알고 있는가? 이 단체의 창립자 캔디 라이트너(Candy Lightner)는 음주운전자가 몰던 자동차에 열세 살 된 딸을 잃었다. 그녀는 고통에 빠져서 허우적거릴 수도 있었다. 딸의 생명을 앗아간 운전자에 대한 분노를 이기지 못할 수도 있었다. 그러나 그녀는 그런 상황에서 음주운전방지 어머니회를 조직했다. 자신의 아픔이 헛되지 않도록 그 아픔 가운데 하나님의 계획을 발견했다.

캔디 라이트너가 자신의 아픔이 헛되지 않도록 단체를 조직했다면, 다윗은 노래를 지었다. 그의 노랫말은 죄책감과 의심과 분노를 해부해놓은 것 같다. 시편에는 많은 장르의 음악이 담겨 있다. 어떤 시는 창조주께 바치는 아름다운 발라드 같고, 시편 51편을 포함한 다른 시들은 분명히 솔뮤직이다.

우리를 향한 하나님의 계획은 기쁨을 주는 아름다운 순간들을 통해 밝혀질 때도 있지만, 기쁨을 앗아가는 부서진 순간들을 통해 밝혀질 때도 있다. 다윗의 경우 간통을 저지른 때가 모든 기쁨이 사라져버린 그런 순간 중에 하나였다. 그래서 다윗은 하나님께 기쁨을 돌려달라고 간청했다.

그는 영혼 깊숙한 곳에서부터 목청껏 노래를 불렀다.

제 기쁨을 다시 돌려주소서!

시 51:8, NLT 역자 사역

후렴구처럼 반복하고 또 반복했다.

어쩌면 당신도 이런 상황일지 모른다. 기쁨이 사라진 것처럼 느껴지고, 어떻게 그런 상황에 이르게 되었는지조차 모를 수도 있다. 만일 그렇다면 단순한 진리 하나를 상기시켜 주겠다. 당신은 혼자가 아니다. 당신에게는 당신의 고통을 함께 느끼시는 대제사장이 계신다. 사실 그분은 당신보다 더 아파하고 계신다. 자녀를 키우는 부모라면 이 말이 상투적인 표현이 아니라는 것을 알 것이다.

내가 해줄 수 있는 말은 딱 하나, 좀 더 시간을 두고 지켜보라는 것이다. 대부분의 문제는 하룻밤 사이에 일어나지도 않고, 따라서 하룻밤 사이에 사라지지도 않는다. 그러나 시간을 두고 지켜보면 하나님께서 당신의 기쁨을 회복시켜 주실 것이다. 그리고 그 기쁨은 영원토록 당신의 기쁨이 될 것이다. 하나님께서 기쁨을 회복시켜 주시기까지 당신은 그저 부서진 당신을 있는 그대로 받아들일 필요가 있다. 이 말이 어려울지도 모르겠지만, 당신의 고통에는 잠재적 능력이 들어 있다. 당신의 고통이 헛되지 않도록 다른 누군가에게 유익이 되도록 변화시켜야 한다. 그런 식으로 상처가 치유되고, 그렇게 하나님의 계획이 밝혀진다.

하나님께서는 무리에서 이탈하여 길을 잃고 스스로 위험에 빠지는 버릇이 있는 어린 양의 다리를 꺾는 선한 목자처럼, 우리가 부서져야 할 때에 우리를 부수신다. 잔인하고 유별난 벌인 것 같아도 그것은 우리에게서 우리를 보호하기 위한 하나님의 방식이다. 우리를 부수시는 하나님의 사역에는 언제나 구속적 목적이 있다. 상처가 나으면 분명히 전보다 더 강해질 것이다. 은혜롭게도 하나님께서는 우리가 두 발로 다시 설 만한 힘이 생길 때까지 우리를 어깨에 들쳐 메고 가신다.

당신의 삶에 하나님의 능력으로 무너트려야 할 견고한 요새들이 있는가? 어떤 요새인가? 정욕? 분노? 교만? 그런 요새들을 부수어야만 한다. 그래야 당신을 향한 하나님의 계획을 이룰 수 있다. 당신에게 묻고 싶다. 장기적인 이익을 위해서 단기적인 고통을 기꺼이 감수하겠는가?

우리의 기도는 대부분 환경을 변화시켜 달라는 간청을 중심으로 돌아간다. 하나님께서 언제나 우리의 환경을 변화시키기 원하시는 것은 아니다. 그분은 우리를 변화시키기 위해 환경을 사용하기 원하신다! 우리를 변화시키는 일은 우리 삶의 견고한 요새들을 무너트리는 작업에서부터 시작된다. 좋은 소식이 있다. 하나님께서는 자신이 부수신 것들을 언제나 치유하신다는 것이다. 자연적 치유가 이루어지는 우리 육체와 마찬가지로, 부서진 우리의 영(spirit)도 전보다 더 강해질 것이다.

성인은 평균 206개의 뼈를 가지고 있다. 그 뼈들은 언제나 부서지고 다시 재생되는 생물학적 과정을 지속으로 겪는다. 용골세포가 뼈를 부수면 조골세포가 다시 만든다. 이런 재형성 과정이 우리가 회개한 후에 겪는 과정과 동일하다. 뼈가 부서지고 난 다음에 더 강해지는 것처럼, 인간의 영도 부서진 뒤에 더 강해진다. 우리의 영 또한 이러한 재형성 과정을 지속적으로 겪는다. 하나님이 우리를 부수실 때에 그 과정을 잘 따르라. 그러면 하나님에 의해 부서진 그 분야에서 가장 강해질 수 있을 것이다. 그러나 치유받기 위해서는 시편 51편에서 다윗이 했던 것처럼 자기점검 과정을 반드시 거쳐야 한다.

✛ 방어기제

당신은 어떨지 모르지만, 나는 시험을 별로 좋아하지 않는다. 학교에서 시험을 치르든, 병원에서 검사를 받든 스트레스를 받게 된다. 단지 누군가가 나의 혈압을 재고 있다는 이유만으로 혈압이 오른다. 내가 시험이나 검사를 싫어하는 이유는 그런 것들이 내가 모르거나 알고 싶지 않은 사실을 알려주기 때문이다. 하지만 나는 그것들이 내 마음에 들지 않아도 결국 꼭 필요하다는 사실을 받아들이게 된다. 유일한 대안이라면 그냥 모르고 사는 것이다. 그러나 모르는 게 약은 아니다.

최근 아버지가 정기검진에서 멜라닌 색소 악성화로 생긴 피부 종양이 발견되었다. 자기 몸에서 그런 종양이 발견되기를 바라는 사람이 누가 있겠는가? 그러나 이미 발견되었다. 그러면 어떻게 하겠는가? 잘못된 점을 발견하지 못하면 바로잡지 못한다. 문제를 발견하지 못하면 악화될 뿐이다. 암을 발견하지 못하면 암세포가 온몸으로 퍼져나간다. 이처럼 인간의 몸에 적용되는 현상이 영에도 적용된다. 죄를 보고도 못 본 척하면 죄는 사라지지 않는다. 더 나빠진다. 죄의 원인을 밝혀내지 않으면 죄로부터 깨끗해질 수 없다.

오늘의 문화는 자기점검에 매우 미숙하다. 우리는 TV 예능프로그램에 출연하는 연예인들을 보면서 대리 만족하며 살고 싶어 한다. 그래서 우리 중 많은 이들이 자기 자신보다 연예인들에 대해 더 많이 알고 있는지도 모르겠다. 나의 내면을 살피고 가꾸는 것보다 다른 사람 인생의 시시콜콜한 일들에 관심을 집중하는 것이 훨씬 더 편하다. 그렇게 우리는 대부분 자기가 누구인지도 모르는 채 살아간다. 우리는 우리가 누구인지 모른다. 이때 유일한 해결책은 자기점검(self-examination)이다. 오랫동안 열심히 거울을 보아야 한다.

때로는 거울이 우리 삶에서 예언자(prophet)가 되기도 한다. 자신의 맹점을 보기 위해서는 초자연적인 통찰력과 함께 진실함으로 맞설 만큼 충분히 정직하고 용기 있는 누군가가 필요하다. 그런데 나단 선지자는 이보다 훨씬 더 큰 용기가 필요했다. 다윗은 왕이었고, 왕은 자신이 듣기 싫어하는 말을 하는 선지자들을 종종 죽이기도 했기 때문이다. 아마 나단 선지자는 왕에게 할 적절한 말을 알려달라고 하나님께 기도한 뒤에 응답을 받은 것이 분명하다. 그는 다윗에게 과거를 회상시키는 단어를 써서 말했다. 또한 목동 출신의 왕에게 가난한 사람의 새끼 암양을 빼앗은 부자에 관한 이야기를 들려주었다. 정면 공격을 하지 않고, 이야기를 들려주는 방식으로 다윗의 방어막을 뚫은 것이다.

다윗은 가난한 사람이 가진 유일한 암양 새끼를 빼앗은 부자에게 분노했다. 바로 그때, 나단 선지자가 다윗의 아픈 곳을 찔렀다.

"당신이 그 사람이라!"

이 말은 고발이었다. 나단 선지자는 다윗이 세 번째 유리창, 맹목의 영역을 통해 자신을 바라보도록 도와주었다. 그리고 마침내 다윗은 자신이 저지른 죄를 보게 되었다. 그것이 선지자들이 하는 일이다. 그리고 이 경우 종종 죄의 고백으로 이어진다. 우리에게는 우리 삶의 진실을 거리낌 없이 말해줄 사람들이 필요하다. 우리가 듣고 싶어 하지 않는 말들을 대놓고 말하거나 꾸짖어줄 사람들이 필요하다. 우리에게는 나단이 필요하다. 그리고 우리가 나단이 되어야 할 순간들도 있다.

지나온 삶을 돌아봤을 때 가장 존경하는 사람이 누구인가? 짐작컨대 과거에 당신의 맹점 한두 가지를 지적해준 사람들이 있을 것이다. 그들은 당신의 겉모습 이면을 꿰뚫어 보았다. 당신의 죄에 맞서 당신이 듣고 싶어 하지 않는 말을 했다. 물론 그때에는 그런 이유로 그들을 미워했을지 모른다. 하지만 지금은 오히려 그런 이유로 존경할 것이다. 우리는 인생이 다 끝났을 때 듣고 싶은 말만 해주었던 사람들에 대한 존경심을 다 잃어버릴 것이다. 그때 우리는 관계의 단절을 무릅쓰고 우리가 듣고 싶어 하지 않는 말을 해주는, 그런 용기 있는 예언자들을 존경하게 될 것이다.

✛ 개인적인 예언

사업가이며 대중 강사인 로리 베스 존스(Laurie Beth Jones)에 따르면, 우리 삶의 40퍼센트가 개인적 예언에 바탕을 두고 있다고 한다. 그 비율이 정확한지는 증명하지 못하지만, 나는 그 말 이면에 엄청난 진리가 있다고 생각한다. 우리에게는 우리 삶의 진실을 말해 줄 예언자들이 필요하다. 우리 삶의 궤도를 바꿔줄 그들의 말이 필요하다. 로리 베스 존스는 그의 저서 《억만금의 재산보다 한 줄의 예언을 물려줘라》(The Power of Positive Prophecy)에서 마이클이라는 이름의 남자 이야기를 들려주었다.

나는 알코올중독자 아버지 밑에서 자랐고 지금까지 긍정적인 말이라고는 단 한 번도 들어본 적이 없었다. 하굣길에는 항상 지미 아저씨 가게에 들렀다. 계산대 위에 항상 사탕 바구니가 있었기 때문이다. 지미 아저씨는 동네에서 세탁소를 했는데, 어느 날 나에 대해 알고는 이렇게 말했다.
"마이클은 정말 똑똑한 아이구나. 이다음에 굉장히 큰 회사 사장님이 되겠는걸!"
아저씨의 말에 귀를 기울였지만 믿지는 않았다. 그런 말을 듣고 집에 왔지만 "개새끼"라고 불리며 아버지에게 연신 두들겨 맞았으니까. 당신도 알았겠지만 세탁소 주인인 지미 아저씨는 나를 믿어준 유일한 사람이었다. …지금 나는 지미 아저씨가 예견한 대로 연 매출이 수백만 달러에 달하는 건강관리업체를 운영하고 있다. 세탁소 주인 한 사람이 내 인생의 예언자였다고 말해도 괜찮지 않을까 싶다. [10]

어쩌면 당신은 자신을 예언자라고 여기지 않을지도 모른다. 그러나 당신은 예언자이다. 친구들의 예언자이고 자녀들의 예언자이다. 직장에서도, 가정에서도 당신은 예언자이다. 당신의 말에는 사람들이 그들 자신의 정체성과 하나님의 계획을 발견하도록 도와 그들의 인생을 바꾸어놓을 만한 잠재적 능력이 있다.

우리는 대단히 특별한 소수만이 예언자가 된다는 잘못된 개념을 갖고 있다. 분명하게 잘못되었다. 모세는 "여호와께서 그의 영을 그의 모든 백성에게 주사 다 선지자가 되게 하시기를 원하노라"(민 11:29)라고 말했다. 이것은 단정적인 진술이다. 내가 그 사실을 깨달았을 때 나는 우리 교회를 다른 시각으로 바라볼 수 있게 되었다. 나는 우리 교회에 출석하는 사람들을 교인으로만 여기지 않는다. 한 사람 한 사람을 잠재적 예언자로 여긴다. 유대 철학자들은 예언의 능력을 갖는 것이 정신적 영적 발달에 정점이라고 믿었다. 그들에게는 예언의 능력이 특별한 것이 아니라 일반적인 기대였다.

사람은 성장할수록 예언의 능력을 더 많이 갖게 된다. 지난 세월 동안 나는 예언적 통찰력을 더 많이 달라고 하나님께 구했다. 영원의 결과를 가져오지 못하는 피상적인 대화에 신물이 났기 때문이다. 어떤 사람의 삶의 흐름에 마침표를 찍어 그 사람의 운명을 바꾸어놓는 대화를 하고 싶었다. 물론 지금도 나는 사람들과 일상의 사소한 일들을 이야기한다. 하지만 누군가의 삶에 결정적인 순간으로 입증된 대화를 훨씬 더 많이 했다. 그것은 바로 우리 모두가 열망해야 할 목표이다.

⁺ 미친 거울

거울은 크기도 모양도 제각각이다. 이 거울이 때로는 우리 삶의 맹점을 보도록 도와주는 예언자가 되기도 하고, 때로는 베일을 걷고 새로운 방식으로 하나님의 영광을 드러내는 계시가 되기도 한다. 그러나 가장 멋진 거울, 우리 자신의 모습을 가장 정확히 보여주는 거울은 '성경'(Scripture)이다.

최선의 자기점검 방식이 있다면 단순하게 성경을 읽는 것, 혹은 성경을 묵상하는 것이다. 성경은 단지 읽으라고 기록된 책이 아니다. 곰곰이 생각해보라고 기록된 책이다. 그 전형적인 본보기로 시편 51편을 꼽을 수 있다. 시편 51편을 머리로만 읽지 말고 마음으로 느껴라. 다윗의 입장이 되어보아야 한다. 그러면 어떻게 해야 다윗의 범죄 사실에 대해 공감할 수 있을까? 최선의 방법은 자신의 범죄 사실과 동일시해보는 것이다. 좌뇌의 논리로는 근접하지 못하는 진리들이 있다. 그 진리는 마음 깊숙한 곳에서만 드러난다. 그러므로 중요한 데이트나 모임에 가기 전에 거울을 들여다보면서 자신을 꼼꼼히 살피듯, 성경이 드러내는 당신의 모습에 대해서 깊이 숙고해야 한다.

야고보서에서 성경을 거울에 비유한 것처럼(약 1:23-25 참조), 성경을 깊이 묵상하면 우리가 누구인지 정확히 보여주는 그림을 얻을 수 있다. 우리 삶의 죄뿐만 아니라 우리 안에 있는 하나님의 형상도 드러내준다. 마치 폴라로이드처럼 그리스도 안에서 우리가 누구인지 보여주는 그림이 즉석에서 현상되어 나오는 것이다.

내가 어렸을 적에 우리 가족은 화이트 펜스 팜(미국 남부의 전통 가정식 치킨 음식점)이라는 음식점을 종종 찾곤 했다. 그곳에 갈 때마다 사람들이 많아서 늘 기다려야 했지만 대기실이 놀이공원 같아서 크게 개의치 않았다. 거기에는 놀이기구들과 자동차 박물관, 그리고 축제 때나 볼 만한 얼굴과 체형을 왜곡시켜 비추는 '미친 거울'도 있었다. 나는 그 미친 거울 앞에 서서 내 모습을 상상할 수 있는 모든 형태로 일그러뜨리며 15분씩 시간을 보내곤 했다.

어떻게 보면 성경을 제외한 모든 거울은 다 미친 거울이다. 유일하게 완벽한 거울은 성경뿐이다. 왜냐하면 우리를 설계하신 분께서 우리를 어떻게 보시는지 성경에 드러내셨기 때문이다. 우리가 가진 대부분의 정체성 문제는 잘못된 거울을 들여다본 데서 비롯한 결과이다. 많은 사람들이 문화를 유일한 거울로 삼고 거기에 비친 자신의 모습을 들여다본다. 자신들의 삶이 옳은지 그른지, 선한지 악한지, 합당한지 그렇지 않은지를 문화를 토대로 판단한다. 또한 다른 사람들의 의견을 중요한 거울로 삼고 사는 사람들도 있다. 그러나 그런 거울들을 보면 다른 사람들이 아무리 좋은 의도를 갖고 있더라도 언제나 왜곡된 이미지가 나올 뿐이다.

유일하게 완벽한 거울은 성경뿐이다. 따라서 성경을 더 많이 읽을수록 다른 사람들에게 하나님을 더 많이 비추게 될 것이다. 왜? 하나님이 바로 성경에 계시되어 계시기 때문이다.

"우리가 다 수건을 벗은 얼굴로 거울을 보는 것같이 주의 영광을 보매 그와 같은 형상으로 변화하여 영광에서 영광에 이르니 곧 주의 영으로 말미암음이니라"(고후 3:18).

성경을 많이 읽어야 하는데도 그렇게 하고 있지 못하다면 정체성의 문제를 갖게 될 것이다. 위험을 감수하고 한마디 하겠다. 만일 당신이 지금 성경을 읽을 수 있는데도 그렇게 하고 있지 않는다면, 당신의 삶에 죄의 문제가 있기 때문일지도 모른다. 거울을 보면 죄를 깨닫게 되기 때문에 성경을 보고 싶어 하지 않는 것이다. 성경의 진단을 무시하고 싶어 하지만 그럴수록 죄가 악화될 뿐이다. 성경은 MRI 그 이상으로 우리의 잘못된 부분들을 드러내준다. 동시에 성경은 최고의 예방약이기도 하다. 정체성 문제에 대한 최선의 치료책이자 최선의 예방책이다.

⁺ 죄를 감추는 행위

죄를 비밀로 하는 일보다 하나님으로부터 더 멀어지는 행위는 없다. 그래서 원수 사탄은 우리가 죄를 계속 감추기를 바란다. 왜? 우리가 우리의 죄를 자백하지 않으면 하나님께서도 우리를 치유하지 않으실 것이기 때문이다. 우리가 죄를 자백하는 것은 하나님의 거룩한 진단을 받아들이는 방법이다. 다윗 역시 나단 선지자와 대면하여 거룩함을 낳는 치유의 과정을 시작하게 되었다.

17세기의 시인이자 성직자인 존 던(John Donne)은 다윗과 마찬가지로 그 시대 최고의 시인으로 평가받았다. 그는 열한 살에 옥스퍼드 대학에 들어갔고 그 뒤에는 런던 성 바울 대성당의 주임사제로 사역했다. 외적으로 보면 그는 성공한 사람이었지만 감추고 있던 죄 때문에 늘 두려워하며 살았다. 그가 회심하기 전에 비밀리에 결혼한 여인에게 외설적인 시를 쓴 일이었다. 그 깊고 어두운 비밀 때문에 그의 영은 감옥에 갇혔고, 항상 발각될 거라는 두려움 속에 살아야 했다.

우리 중 많은 이들이 이런 두려움에 압도되어 살아간다. 존 던처럼 비밀로 한 죄 때문에 감옥살이를 한다. 우리는 진실을 감춘 채 진실을 피해 숨어버린다. 죄를 감추고 우리 자신을 피해 숨는다. 이런 본능은 에덴동산만큼이나 오래된 일이다. 아담이 원죄를 지은 후에 처음 보인 반응이 무엇이었는가? 숨으려고 했다. 그리고 그 후로 우리는 계속 숨어왔다. 어떤 점에서 보면 에덴동산의 진정한 본질은 자아를 발가벗기는, 즉 아무것도 감추지 않는 자유이다. 두 번째 에덴동산에서도 그러할 것이다. 천국에서는 아무것도 감추지 않을 것이다. 그것은 이 땅의 천국에서도 마찬가지이다.

원수 사탄이 우리가 깨닫지 않기를 바라는 것이 있다. 죄를 계속 비밀로 감추는 것이 공개적으로 죄를 고백하는 것보다 더 고생스럽다는 진리이다. 우리는 감추고 있던 진실이 드러나면 죽게 될 거라 생각한다. 그러나 실상은 감추었던 진실을 드러낼 때 생명을 얻는 것이다.

우리에게 친숙한 성경의 한 장면을 살펴보도록 하자. 나사로가 죽어 무덤에 장사된 지 나흘이 지났을 때, 예수님은 이렇게 말씀하셨다.

"나사로야 나오라"(요 11:43).

그리고 참으로 놀랍게도 나사로가 순종했다.

이 이적을 제대로 이해하기 위해서는 유대인의 장례 관습을 이해해야 한다. 나사로가 죽었을 때 사람들은 나사로의 발목에 천을 감아 발을 결박한 다음 팔을 몸에 붙여서 아마포 조각으로 단단히 묶었을 것이다. 그리고 45킬로그램이나 되는 수의로 몸을 감쌌을 것이다. 어떤 신약학자들은 시신의 머리를 아마포 천으로 너무 많이 감싸서 시신의 머리 폭이 30센티에 달했을 것이라고 말한다. 한 번 상상해보자. 사람들은 나사로의 시신을 미라처럼 아마포 천으로 둘둘 감쌌다.

그런 상황에서 예수님이 말씀하셨다.

"풀어 놓아 다니게 하라"(요 11:44).

사복음서의 모든 이야기가 복음을 생생하게 묘사한다. 그리고 이 이야기 역시 많은 생각을 하지 않아도 복음을 알 수 있는 대단히 감동적인 이야기 중 하나이다. 죄는 옳고 그름 이상의 훨씬 더 많은 것들과 관계가 있다. 바로 생명과 죽음이다. 우리가 죄를 지을 때 우리의 일부가 죽는다. 수의로 우리 몸을 둘둘 감싸는 것과 비슷하다. 우리는 죄 때문에 무덤에 들어가고 산 채로 매장된다. 우리의 영이 미라처럼 천 조각으로 둘둘 감싸진다.

그러나 예수님은 지금도 여전히 우리에게 말씀하고 계신다.

"나오라!"

예수님은 죽은 자들을 일으키시고 포로 된 자들을 풀어주신다. 그때 우리는 죽음에서 나와 생명 안으로 들어가게 된다. 죄에서 나와 하나님의 의(righteousness) 안으로 들어간다.

초대교회의 교부 이레니우스(Irenaeus)는 "하나님의 영광은 온전히 살아 있는 인간이다"라고 말했다. 그렇기 때문에 우리가 죄를 지으면 하나님께서는 몹시 슬퍼하신다. 공의로우신 하나님께서는 진노하신다. 하지만 사랑의 하나님께서는 죄를 지은 우리가 겪는 작은 죽음들 때문에 몹시 슬퍼하신다. 그러나 좋은 소식이 있다. 하나님이 죽은 자들을 부활시키신다는 사실이다. 하나님께서는 예수 그리스도가 승리자로 이 세상에 다시 오시는 날에 당신의 몸만 부활시켜 주기를 원하시는 것이 아니다. 예수 그리스도는 자신에게 상처를 안겨준 사람들 손에 죽은 당신 자신의 성품을 부활시켜 주기를 원하신다. 실망으로 죽은 꿈들을 부활시켜 주기를 원하신다. 관계를 부활시키시고 새롭게 시작하기를 원하신다. 질적으로나 양적으로나 풍성한 생명을 주기 원하신다.

죄를 자백하느니 차라리 죽겠다는 사람들도 있지만 죽음이야말로 죄를 자백하지 못할 때 일어나는 일이다. 죄를 자백하지 않을 때 우리는 서서히 고통스럽게 죽는다. 그러나 다른 길이 있다. 다윗은 바로 그 길을 보여준다.

✦ 오래오래 행복하게 살았답니다!

단 한 번의 결정으로 인생이 극적으로 바뀔 수 있다. 단 한 번의 잘못된 결정 때문에 평생 쌓아 올린 평판이 떨어지기도 하고, 결혼생활이나 경력에 큰 오점을 남기거나 끝장이 나기도 한다. 다윗이 궁전 옥상을 거닐었던 그 파멸의 날을 돌이켜보았을 때처럼, 우리도 지난날의 잘못된 결정을 돌이켜볼 때 깊이 후회하게 된다. 잘못된 판단을 내린 자신을 마구 두들겨 패고, 자신의 실수에 대해 곰곰이 숙고하면서 의문을 갖게 될 것이다.

"그렇게 하지 않았다면 어떻게 되었을까?"

우리는 시간을 되돌려서 우리가 한 일을 원래대로 바로잡고 싶다고 생각한다. 그러나 시간을 되돌릴 수도, 과거를 바꿀 수도 없다. 다만 과거에서 배울 수는 있다. 그리고 그것이 미래를 바꾸는 방법이다.

당신이 무슨 잘못을 저질렀는지 나는 잘 알지 못한다. 뿐만 아니라 죄를 자백한다고 해서 모든 사람들이 다 용서하고 잊을 거라고 약속하지도 못하겠다. 그러나 하나님께서는 용서하고 잊으실 것이다. 또 죄를 자백한다고 해서 당신에게 피해를 입은 사람들과의 관계가 바로잡힐 거라고 말하지도 못하겠다. 어쨌거나 그들에게도 자유의지가 있기 때문이다. 그러나 그 사람들과의 관계는 바로잡을 수 없을지 몰라도 하나님과의 관계는 바로잡을 수 있다. 지난날의 잘못된 결정 때문에 자기 자신과 다른 사람들을 엉망으로 망쳐놓았다고 해도, 잘못된 그 결정을 토대로 자신을 정의할 필요는 없다. 하나님께서 지금도 여전히 우리에게 은혜를 베풀고 계시기 때문에 그렇게 하지 않아도 된다. 왜냐하면 하나님의 은혜는 결정적인

(final) 실수처럼 보이는 우리의 잘못을 하나의(single) 실수로 바꿔놓기 때문이다. 그리고 그런 잘못들마저 하나님께서는 하나님의 은혜의 새로운 차원을 깨닫는 결정적인 순간들로 변화시켜 주실 것이다.

간통 사건은 다윗의 인생에서 최악의 장이다. 다윗은 끔찍한 결정을 했다. 오래오래 행복하게 살았다는 결말은 물 건너간 것처럼 보인다. 살인을 저지르면서까지 그 사건을 은폐하려 했던 것을 보면 비극적인 결말이 충분히 예상된다. 그러나 다윗의 이야기는 비극적인 결말로 끝나지 않는다. 아닌가? 당신의 인생 이야기 역시 절대 비극적인 결말로 끝나지 않을 것이다. 사실 당신의 이야기에는 분명 결말이 없을 것이다. 그리스도의 부활 덕분에 영원히 행복하게 살 수 있을 테니 말이다.

구약의 모든 왕들은 두 부류로 나뉜다. 하나님이 보시기에 옳은 일을 행한 왕과 잘못된 일을 행한 왕이다. 다윗은 잘못된 행동을 했다. 심각한 죄를 저질렀다. 그러나 성경은 다윗을 하나님이 보시기에 잘못된 일을 한 왕들에 포함시키지 않는다.

> 이는 다윗이 헷 사람 우리아의 일 외에는
> 평생에 여호와 보시기에 정직하게 행하고
> 자기에게 명령하신 모든 일을 어기지 아니하였음이라
>
> 왕상 15:5

성경은 다윗의 죄를 무시하지 않는다. 다윗 평생의 가장 끔찍한 죄, 곧 밧세바와 동침하고 그 사실을 은폐하기 위해 그녀의 남편 우리아를 살해한 죄를 언급한다. 그러나 "외에는"이라는 단어가 핵심이다. 다윗이 저지른 죄는 그가 일평생 하나님 앞에서 보인 정직하고 순종하는 태도에서 예외적인 것이었다. 당신의 죄도 그런 예외가 될 수 있다. 어떻게? 단순하게 죄를 자백하면 된다. 죄를 자백하면 그 죄가 더 이상 당신을 정의하지 못한다. 하나님의 은혜가 당신을 정의할 뿐이다. 다윗은 하나님이 보시기에 옳은 일을 행한 왕의 무리에 들었다.

하나님께서는 다윗이 지은 죄로 다윗을 정의하지 않으셨다. 하나님은 당신에게도 똑같이 하신다. 당신이 그리스도 안에 있으면 하나님께서는 당신이 지은 죄로 당신을 정의하지 않으신다. 그리스도께서 옳게 행하신 일로 정의하신다. 그리스도의 의가 당신의 정체성이고 당신을 향한 하나님의 계획이다. 당신이 이 책을 읽기 시작했을 때 내가 했던 약속을 굳게 붙잡았기를 바란다. 과거에 될 수도 있었던 사람이 되는 데 너무 늦는 법은 없다.

어쩌면 과거에 당신은 당신의 잘못으로 자신을 정의했는지도 모른다. 그러나 과거의 잘못으로 현재까지 정의할 필요는 없다. 그것은 미래에도 마찬가지다. 지금 당신이 숨 쉬고 있다면 하나님께서 아직 당신을 완성하지 않으셨다는 뜻이다. 그분은 지금도 여전히 당신을 깎고 새기고 계신다. 하나님의 형상으로 고쳐 만들어가고 계신다. 포로 된 자들을 풀어주시고 독특한 걸작을 창작하고 계신다. 그것이 바로 당신이다.

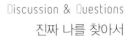

영혼의 지문을 발견하는 일 중에 하나는 자신의 악함을 이해하기 시작하는 것이다. 오랫동안 꼼꼼하고 빈틈없이 거울을 들여다보라. 그리고 자신과 하나님 앞에서 죄를 인정해야 한다. 그렇게 할 때 하나님께서는 우리 삶의 기초를 다시 놓기 시작하실 수 있다. 자신과 하나님 앞에서 죄를 인정하기 위한 중요한 열쇠가 있다. 다른 누군가를 자신의 예언자로 삼고 자신이 정말 어떤 사람인지 말해달라고 하는 것이다. 그러나 그보다 더 중요한 열쇠는 성경을 거울로 삼아 하나님의 명령과 자신의 행위를 비교 대조해보는 것이다. 그렇게 죄를 자백할 때 과거에 저지른 잘못들이 더 이상 우리를 정의하지 않을 것이다. 그리스도의 의(righteousness)가 우리를 정의할 것이다.

죄가 아니라 그리스도의 의로 당신을 정의할 수 있다. 이 중요한 점을 오늘 당신의 삶에 어떻게 적용할 수 있겠는가?

CLOSING

하나님,
나는 누구입니까?

그의 하나님 여호와께서 다윗을 위하여 예루살렘에서 그
에게 등불을 주시되 그의 아들을 세워 뒤를 잇게 하사 예
루살렘을 견고하게 하셨으니 _왕상 15:4

밤에 눈을 감으면 당신은 무슨 생각을 하는가? 어떤 곳을 방문하는가? 어떤 사람들의 얼굴을 떠올리는가? 깊이 잠들었을 때 꿈속에서 어떤 장면들이 다시 상연되는가?

다윗은 밤에 눈을 감았을 때 밧세바의 아름다운 몸매와 골리앗의 흉측한 얼굴을 보았다. 엘라 골짜기와 들염소 바위로 종종 돌아가기도 했다. 그러나 대부분은 한때 자신이 치던 양들을 세었다. 이름까지 다 알고 있던 그 양들 말이다. 다윗의 마음은 베들레헴 산지를 정처 없이 방황했다. 양을 치고, 물매를 던지고, 수금을 타던 곳이었다. 의식 상태와 수면 상태 사이의 순간에 다윗은 또다시 목동으로 돌아갔다. 그리고 다시 눈을 떴을 때 자신이 궁전의 침대에서 있는 것을 발견했다. 잠들었다가 다시 깨어났을 때 양치기 소년은 왕이 되어 있었다. 다윗은 잠에서 깰 때마다 현실 너머에 와 있는 것처럼 느껴졌다. 일생이 꿈 같았기 때문이다. 그럴 때마다 다윗의 의식에는 감사의 마음과 자신을 향한 하나님의 계획에 대한 깊은 의식이 넘쳐흘렀다. 눈을 뜨고 분명히 깨어 있을 때조차 하나님의 계획에 대한 의식은 절대 사라지지 않았다. 다윗은 그 꿈, 자신의 인생을 당연하게 여기지 않았다. 지나온 삶을 돌아보면서 하나님의 신실하심에 경외심을 가졌다. 다윗의 인생은 하나님의 섭리를 보여 주는 증거였다.

다윗 왕이 여호와 앞에 들어가 앉아서 이르되

주 여호와여 나는 누구이오며 내 집은 무엇이기에

나를 여기까지 이르게 하셨나이까

주 여호와여 주께서 이것을 오히려 적게 여기시고

또 종의 집에 있을 먼 장래의 일까지도 말씀하셨나이다

주 여호와여 이것이 사람의 법이니이다…

주의 말씀으로 말미암아

주의 뜻대로 이 모든 큰일을 행하사

주의 종에게 알게 하셨나이다

그런즉 주 여호와여 이러므로 주는 위대하시니

이는 우리 귀로 들은 대로는 주와 같은 이가 없고

주 외에는 신이 없음이니이다

삼하 7:18,19,21,22

지금까지 살면서 유체 이탈 체험(out-of-body experience)을 한 순간이 있는가? 이전과는 완전히 다른 방식으로 자신을 본 순간이 있는가? 누군가가 내가 전혀 알아차리지 못했던 나에 대해 무언가를 말하고, 내가 어떤 일을 할 수 있는 능력이 있는지조차 몰랐는데 그 일을 하는 자신을 보고 스스로 놀라고, 과거의 경험과 현재의 환경 사이의 점들을 연결하자 하나님께서 내 삶에 은총을 베푸셨다는 사실을 깨닫게 될 때가 있다.

다윗에게도 바로 그런 순간이 있었다. 지금까지의 삶이 다윗의 눈앞을 섬광처럼 스치고 지나갈 때, 그의 마음을 압도하는 질문이 떠올랐다.

주 여호와여 나는 누구이오며 내 집은 무엇이기에
나를 여기까지 이르게 하셨나이까

삼하 7:18

형제들 중 막내이고 가족들 중 가장 미약했던 그가 지금은 이스라엘의 최고 권력자가 되어 있었다. 전쟁에 나가지 못한 채 들판에서 양이나 치는 신세였던 그가 지금은 왕관을 쓰고 있었다. 그는 현재의 자리에 이른 자신이 믿기지가 않았다. 어떻게 지금까지 오게 되었는지 믿을 수가 없었다.

자기발견의 여정은 다윗이 했던 질문으로 시작된다.

"내가 누구이기에?"

그러나 그 질문보다 훨씬 더 중요한 점이 있다. '누구'에게 질문하느냐 하는 것이다. 다양한 사람들에게 그 질문을 할 수 있다. 그리고 그 질문에 대한 다양한 대답도 들을 수 있을 것이다. 그러나 그 모든 것을 아시고 대답해줄 수 있는 분은 딱 한 분뿐이시다.

만일 다윗이 자신의 아버지에게 물었다면 '목동'이라는 대답을 들었을 것이다. 그 이상도 이하도 아니었을 것이다. 다윗의 아버지는 다윗의 잠재력을 알아보지 못했다. 그것은 형들도 마찬가지였다. 그들에게 다윗은 전장에 나간 자신들에게 음식을 가져다준 '심부름 꾼 꼬마'에 지나지 않았다. 그렇다면 사울은? 사울은 다윗에게 "너는 소년이요"라고 했다. 골리앗은 다윗에게 '새와 들짐승의 먹이'라고 했다. 그 누구도 다윗의 진짜 모습을 보지 못했다. 다윗이 어떤 인물이 될 수 있는지 알아보지 못했다.

그러나 다윗은 그들 누구에게도 그 질문을 하지 않았다. 하나님 앞에 앉아 하나님께 질문했다.

"제가 누구이기에?"

가장 최근에 하나님 앞에 앉아 그렇게 질문해본 적이 언제인가?

우리가 대부분 자신에 대해 전혀 모르고 살아가는 이유는 하나님 앞에 앉지 않기 때문이다. 나를 향한 하나님의 계획을 발견하기 원한다면 하나님 앞에서 시간을 보내야 한다. 다른 방법이 없다. 왜냐하면 진정한 자기발견은 오직 하나님 앞에서만 일어나기 때문이다. 오직 하나님을 발견하기 위해 힘쓸 때 자신을 발견하게 될 것이다. 그리고 당신을 설계하신 분과의 관계 밖에서 자신을 발견하기 위해 노력하면 노력할수록 결국 잘못된 정체성의 문제를 갖게 될 것이다.

✛ 마지막 수수께끼

19세기 아일랜드의 작가 오스카 와일드(Osca Wilde)는 《옥중기》(De Profundis)에서 "마지막 수수께끼는 자신이다"라고 논평했다.

"어떤 사람이 태양의 무게를 저울로 재고, 달의 보폭을 측정하고, 일곱 하늘의 별들을 일일이 다 표시해서 지도를 만든다고 해도 자기 자신은 여전히 남는다. 누가 자신의 영혼의 궤도를 계산해낼 수 있을까?"

수십억 명의 사람들이 지구라는 이 행성 위를 다닐 때 자기 자신을 중요하지 않거나 무의미한 존재로 여기기 쉽다. 그러나 당신은 매우 소중하고 그 무엇으로도 대체하지 못할 존재이다. 자, 가족을 들어 설명해보겠다. 만일 당신이 나의 세 자녀 중에 두 명이 인생 말년에 이르러서야 나를 사랑하게 될 거라고 말한다면, 내가 그 말을 만족스럽게 받아들일까? 결코 아니다. 나의 세 자녀는 한 사람 한 사람 나에게는 더없이 귀하고 무엇으로도 바꾸지 못할 존재들이다. 나를 향한 그들의 사랑도, 그들을 향한 나의 사랑도 마찬가지이다.

나는 세 자녀를 각각 독특한 방식으로 사랑한다. 똑같은 방식으로 사랑하지 않는다. 자녀를 똑같은 방식으로 사랑하는 부모는 없다. 내가 그들을 각각 독특한 방식으로 사랑하는 까닭은 그들 각자가 독특하기 때문이다. 그리고 그것이 하나님께서 우리를 사랑하시는 방식이다. 하나님은 세상에 나 한 사람만 살고 있기라도 한 듯, 나를 독특하게 사랑하신다. 왜? 나라는 사람은 세상에 딱 한 명밖에 없기 때문이다. 당신을 향한 하나님의 사랑은 다른 누구를 향한 하나님의 사랑과도 같지 않다. 이 사실에 주목하면서 이 책을 시작할 때 했던 말들을 다시 살펴보자.

당신과 똑같은 사람은 지금까지 없었고 앞으로도 절대 없을 것이다. 그러나 이 말은 당신에 대한 증거가 아니다. 당신을 창조하신 하나님의 위대하심을 보여주는 증거이다. 당신의 독특함은 하나님께서 주신 선물일 뿐만 아니라 하나님께 드려야 할 선물이기도 하다. 당신은 그 독특성 덕분에 지금까지 이 땅에 살았던 그 누구와도 다른 방식으로 하나님을 예배할 수 있다. 그 누구도 당신처럼 혹은 당신 대신 하나님을 예배하지 못한다. 이때 '예배'라고 하는 것은 주일 아침에 예배당에서 찬양 몇 곡을 부르는 일 그 이상의 훨씬 더 많은 것들을 의미한다. 최선의 예배는 하나님이 당신을 창조하셨을 때 의도하셨던 바로 그 모습을 최선으로 나타내는 사람이 되는 것이다. 예배는 하나의 생활방식 그 이상이다. 예배는 삶이다.

자기발견은 언제나 둘 중에 한 가지 방향으로 진행된다. 자기를 숭배하거나 하나님을 예배하는 것이다. 당신의 독특성이 하나님께로부터 온 선물임을 인정하지 않는다면, 자기발견의 결과 결국 과도하게 팽창된 자아에 이르게 될 것이고, 그렇게 교만해지면 하나님이 당신 안에서 그리고 당신을 통해서 하기 원하시는 모든 일들을 망쳐놓게 될 것이다. 그러면 자신을 도우려는 행위가 자신을 파괴하는 행위가 되기도 한다. 반면 당신의 독특성을 하나님께로부터 온 선물, 그래서 잘 관리해야 할 선물로 여긴다면, 거기에서 예배하는 삶이 나오게 된다. 당신의 독특성은 하나님의 위대하심을 드러낸다. 다윗이 선언하는 바가 정확히 그것이다. 다윗은 자기를 찬양하지 않는다. 하나님을 찬양한다.

그런즉 주 여호와여

이러므로 주는 위대하시니

삼하 7:22

흰 돌 위의 새 이름

영혼의 지문은 하나님의 형상을 가장 참되게 나타낸다. 그리고 그 영혼의 지문의 금고에 우리의 진정한 정체성과 우리를 향한 하나님의 계획이 보관되어 있다. 영혼의 지문이 수수께끼처럼 느껴지는 이유는 그 차원이 다양하기 때문이다. 과거와 현재와 미래, 즉 내가 과거에 누구였고, 현재 누구이고, 앞으로 누가 되어가는 중인지가 포함되어 있다.

프레드릭 뷰크너는 다음과 같이 표현한다.

내막을 보면 나는 가족의 작은 땅이다. 지금까지 살면서 내가 지닌 모든 모습이 거기 있었다. 활달한 꼬마, 엄마의 자긍심이었던 소년, 여드름투성이 청년과 은밀한 관능주의자, 망설이는 보병, 첫아이가 태어나던 날 병원 창문으로 새벽하늘을 주시했던 남자의 모습이 다 거기 묻혀 있다. 이 모든 자아들(selves)이 나였지만 이제 더 이상 내가 아니다. 심지어 나의 그 모든 자아들이 입고 있던 몸조차 더 이상 나의 몸이 아니다. 아무리 노력해도 그 자아들에 관한 조각과 단편들만 기억날 뿐이다. 그런 자아의 몸을 입고 살아갔을 때의 느낌이 어땠는지 더 이상 기억나지 않는다. 그러나 그 자아들이 오늘까지도 나의 살가죽 안쪽에서 살아가고 있다. 그 자아들은 나의 내면 어딘가에 묻혀 있다. 그 자아들은 특정한 노래, 맛, 냄새, 광경, 심술궂은 날씨에 의해 되살아나는 허깨비들이다. 나는 그 자아들과 똑같지 않지만 그렇다고 다르지도 않다. 왜냐하면 내가 과거에 그런 자아들을 갖고 있었기 때문에 오늘의 존재가 되었기 때문이다.

뷰크너는 여기에 이런 단서를 덧붙였다.

"내가 아직 갖고 있지 못했지만 장차 가질 수도 있는 모습 역시 내 안에 숨겨져 있다." [11]

여기에는 우리가 영원히 가지고 있어야 할 모습도 포함된다. 우리는 육신을 입고 있는 한, 장엄하고 신비로운 우리의 진짜 모습을 보지 못한다. 그러나 언젠가 드러날 것이다. 하나님의 음성을 들을 날이 올 것이다. 그리고 그날이 오면 하나님께서는 오직 하나님만 알고 계시는 이름으로 우리를 부르실 것이다. 물론 한 번도 들어본 적 없는 이름으로 부르실 테지만, 우리는 그것이 우리의 이름이라는 것을 알 것이다. 우리가 태어나기도 전에 붙여진 그 이름은 우리가 죽은 뒤에 비로소 밝혀질 것이다. 그리고 그 진짜 이름이 우리가 정말 누구인지 알려줄 것이다.

"귀 있는 자는 성령이 교회들에게 하시는 말씀을 들을지어다 이기는 그에게는 내가 감추었던 만나를 주고 또 흰 돌을 줄 터인데 그 돌 위에 새 이름을 기록한 것이 있나니 받는 자밖에는 그 이름을 알 사람이 없느니라"(계 2:17).

인생의 가치를 만드는 것은 숨 쉬는 횟수가 아니다. 숨을 멎게 하는 체험의 횟수이다. 우리 영혼은 숨이 멎을 것 같은 강렬한 순간들을 맞이하게 될 때 경외심으로 팽창한다. 하늘이 땅을 침범하고 시간이 멈추는 것처럼 느껴진다. 최근에 내가 그런 경험을 한 순간은 생전 처음 그랜드 캐니언을 구경했을 때였다. 내 아들 파커와 노스 림 지역에 있는 그랜드 캐니언 로지(Grand Canyon Lodge, 휴게소) 2층에서 창문으로 본 경관에 넋이 팔려 다음 등반 계획도 까맣게 잊고 말았다. 아름다움은 시계의 초침도 멈추게 만든다. 그렇게 전망대에 서서 그랜드 캐니언의 장관을 몇 시간이나 구경했던 것 같다.

나는 천국이 그런 수많은 순간들로 이루어졌을 거라고 생각한다. 영화롭게 된 우리의 감각들이 이 세상 방식과 완전히 다른 방식으로 하나님의 영광을 흡수할 것이다. 인간의 눈으로 감지하지 못했던 광경들과 경외심을 불러일으키는 광경들을 볼 것이고, 인간의 귀로 감지하지 못했던 소리와 천사들의 소리를 듣게 될 것이다. 심지어 영화로워진 우리의 후각마저 잊을 수 없는 향을 탐지해낼 것이다.

당신의 눈으로 그리스도를 보는 순간, 즉 당신을 살리기 위해 죽으신 그분을 보는 순간이야말로 영원의 세상에서 경험하는 가장 숨막히는 순간이 될 것이다. 그리고 (이런 영원의 순간에 순위를 매길 수 있다면…) 당신의 새 이름으로 당신을 부르시는 하늘 아버지의 음성을 처음 듣는 순간 역시 그와 막상막하의 순간이 될 것이다. 한 번도 들어본 적 없는 이름일 테지만, 그 순간에는 당신이 일평생 불린 이름을 듣는 것처럼 느낄 것이다. 또 그 이름을 들을 때 자신의 일생을 이해하게 될 것이다.

모든 고통,

모든 기쁨,

모든 두려움,

모든 희망,

모든 혼란,

모든 꿈을 이해하게 될 것이다.

그 순간이 되면 하나님께서 당신이 정말 누구인지 밝혀주실 것이다. 그렇기 때문에 이 땅에서 살았던 일평생을 이해하게 되는 것이다. 새 이름에는 당신이 정말 본질적으로 누구인지, 당신이 영원의 세상에서 지닐 모든 모습이 나타날 것이다. 당신의 영혼의 지문에 마침내 진짜 이름이 붙여질 것이다.

　다른 부모들도 자녀의 이름을 짓느라 나만큼 고심했는지 모르겠지만, 내가 지금까지 했던 일들 중에서 가장 어려웠던 일 중에 하나는 아이들의 이름을 짓는 일이었다. 아내와 나는 부모로서 하는 첫 공식 업무인 이름 짓기에 엄청난 부담을 느꼈다. 아이의 이름을 잘못 지어서 아이에게 평생 정서적인 문제를 안겨주고 싶지 않았기 때문이다. 우리가 세 아이들에게 지어준 이름은 '파커', '서머', '조시아'였다. 셋째 아이에게 성경에 나오는 인물(요시아 왕)의 이름을 붙여주었기 때문에, 많은 사람들이 둘째를 낳은 뒤에 구원받았느냐고 물어보기도 한다. 그렇지 않다. 혹시 궁금해할까 봐 말해두는데, 원래 나는 셋째 아이에게 조나스(요나)라는 이름을 붙여주려고 생각했다. 그런데 아내가 진통을 겪고 있을 때 마치 "아이의 이름을 …라고 하라"는 순간을 체험한 것이다.

　나는 아이들에게 십여 개의 별명을 붙여주었다. 아내와 나는 첫째인 파커에게 별명이 너무 많은 나머지 진짜 자기 이름을 모르면 어쩌지 염려하기도 했다. 우리가 왜 이런 별명을 붙일까? 나는 여기에 몇 가지 이유가 있다고 본다. 어떤 사람이 가진 다양한 별명은 그 사람의 다양한 성격, 그리고 우리가 그 사람과 맺고 있는 관계의 다양한 측면들을 보여준다. 그러나 가장 중요한 사실은 그 별명이 우리가 그 사람을 통해 보는 것들을 드러낸다는 것이다.

예수님은 시몬을 바라보시면서 '베드로'를 보셨다. 그래서 그를 '바위'라고 부르셨다(요 1:42 참조). 예수님은 야고보와 요한을 바라보시면서 '우레의 아들'을 보셨다(막 3:17 참조). 이런 새 이름은 하나님께서 그들에게 주신 잠재력을 드러냈다. 예수님은 그 잠재력이 그들의 성품 안에 숨겨져 있는 것을 보셨다.

하나님께서는 이와 똑같은 방식으로 당신을 보신다. 당신의 진짜 모습을 보신다. 당신을 창조하실 때 의도하셨던 모습을 오늘의 당신에게서 보신다. 하나님께서 나를 위해 갖고 계시는 그 독특한 이름은 나를 향한 하나님의 계획 안으로 들어가라고 부르시는 하나님의 방법이다. 그것이 어떻게 가능한지 잘 모르겠지만, 그 새로운 이름은 우리가 누구인지 모든 면에서 표현할 것이다. 정말 긴 이름일지 모른다. 누가 알겠는가?

하늘의 아버지께서 새 이름으로 우리를 부르시는 것을 들을 때가 정말 감격적인 순간이 될 것이다. 그리고 그 흰 돌이 우리가 전지전능하신 창조주 하나님의 눈에 어떤 존재인지를 보여줄 것이다. 그렇기 때문에 우리는 그 흰 돌을 가장 귀한 소유물로 여기게 될 것이다.

그러나 그 이야기는 여기에서 끝나지 않는다.

여러 세대가 지났다. 이제 다윗 왕은 오래전의 기억이 되었다. 다윗의 묘비에 새겨진 비문도 흐릿해졌다. 다윗이 죽고 50년 이상이 지났을 때, 하나님께서는 아비야('아비얌'이라고도 불린다)의 아들 아사를 유다 왕국의 왕으로 세우셨다. 그러나 아비야의 의로움을 보시고 아사를 그 자리에 세우신 것은 아니다. 사실 아비야는 하나님이 보시기에 잘못된 일들을 행했다.

> 그의 하나님 여호와께서 다윗을 위하여
> 예루살렘에서 그에게 등불을 주시되
> 그의 아들을 세워 뒤를 잇게 하사
> 예루살렘을 견고하게 하셨으니
> 이는 다윗이 헷 사람 우리아의 일 외에는
> 평생에 여호와 보시기에 정직하게 행하고
> 자기에게 명령하신 모든 일을 어기지 아니하였음이라
>
> 왕상 15:4,5

이제 알아차렸는가? 하나님이 왜 아사를 유다 왕으로 세우셨는가? 아사를 위해서가 아니었다. 하나님께서는 단 한 가지 이유 때문에 아사를 유다의 왕으로 세우셨다.

"다윗을 위하여."

이 말씀에 담긴 심오한 뜻을 제대로 알 수 있을지 모르겠지만, 함축하고 있는 내용은 헤아리지 못할 만큼 많다. 우리가 누리는 축복이 우리가 행한 그 어떤 것에서도 비롯되지 않는 경우들이 있다. 때로는 몇 세대 전에 누군가가 보인 신실함으로 인하여 우리가 그 축복을 누리기도 한다. 그 사람의 신실함이 그 사람이 죽고 몇십 년이 지난 뒤에 축복의 열매를 맺은 것이다.

내 삶도 분명 그렇다. 조부모님은 돌아가셨지만, 생전에 나를 위해 하신 그 분들의 기도는 살아 있다. 할아버지는 귀가 어두워서 보청기를 끼셨다. 그런데 밤이면 보청기를 빼고 침대 옆에 무릎을 꿇은 채 손자들을 위해서 기도하셨다. 할아버지 본인은 정작 그 기도를 듣지 못했지만, 집에 있는 다른 모든 사람들은 그 소리를 들을 수 있었다.

내 인생에서 가장 겸손했던 순간은 하나님의 영께서 내 영에 다음과 같이 말씀하셨을 때였다.

"네 할아버지의 기도가 지금 네 삶에서 응답받고 있는 중이다!"

내 인생의 결정적인 순간이었다.

나는 나를 향한 하나님의 계획이 부모님과 조부모님이 남긴 영적 유산과 매우 밀접하게 관계되어 있다는 사실을 깨닫게 되었다. 그리고 내가 남긴 영적 유산 또한 내 자녀, 손자, 증손자들에게 영향을 끼칠 것이다.

이런 가능성에 대해 생각할 때, 당신은 당신의 가족이 어떻게 살아왔는지 겁이 나는가? 그러나 겁내지 말라. 하나님의 자녀라면 당신은 하나님의 가족의 일원이다. 예수 그리스도께서 남기신 유산이 당신을 향한 하나님의 계획이다. 그리스도를 믿는 순간, 결코 끝나지 않을 당신의 인생 이야기의 새로운 장(chapter)이 시작된다. 당신은 당신의 새 이름에 대답한다. 하나님의 모든 약속이 당신의 것이 된다. 세대를 통해 전해진 저주이든 영적인 저주이든, 모든 저주는 깨뜨려진다. 간단하게 말하면 당신이 당신의 부모가 저지른 것과 같은 실수를 할 수밖에 없는 것은 아니라는 것이다. 아사는 자기 아버지가 저지른 것과 똑같은 잘못을 저지르지 않았다. 그는 아버지와 다르게, 그러나 고조부인 다윗과 같이 하나님이 보시기에 옳은 일들을 행했다.

당신을 향한 하나님의 계획이 당신이 후대에 남겨줄 유산이다. 당신은 조상들에게 유산을 물려받는다. 그 유산은 당신이 타고난 권리의 일부이다. 당신도 후대에 유산을 남긴다. 그것은 당신이 후대에게 상속해주는 재산의 일부이다. 다윗은 자신의 세대에 하나님의 목적에 꼭 맞는 삶을 살았다. 하지만 사실은 그 이상이었다. "다윗의 아들 예수 그리스도"를 포함해 장차 올 세대를 위해 유산을 남겼기 때문이다. 어떻게 생각할지 모르겠지만, 그것이 내가 이 책을 쓴 주된 동기이기도 하다. 저자로서의 삶은 나를 향한 하나님의 계획일 뿐만 아니라 내가 후대에 남기는 유산의 일부이다. 따라서 지금 내가 이렇게 기록된 형태로 유산을 남기고 있기 때문에, 나의 증손자들은 좋든 싫든 내가 어떤 사람인지 알게 될 것이다. 물론 책을 써야만 유산을 남길 수 있는 것은 아니다. 당신을 향한 독특한 하나님의 계획을 이루기만 하면 된다. 그리고 그렇게 할 때 당신의 운명이 후대에 남을 유산이 될 것이다.

나의 장인 봅 슈미드걸(Bob Schmidgall)은 일리노이 주 네이퍼빌에 갈보리교회를 세우고 30년 이상 목회했다. 나의 장인어른이 어떤 사람이었는지 한 줄로 요약한다면 '선교에 대단한 열정을 지녔던 인물'이라고 해야 할 것이다. 지금까지 나는 장인어른처럼 세계 선교에 열중하는 사람을 만나보지 못했다. 그렇기 때문에 장인어른이 세상을 떠났을 때 그 죽음을 통해 선교의 열정을 이어가게 하고 싶었다. 그래서 우리는 고인(故人)에게 꽃을 바치는 대신 선교헌금을 하자고 했다.

장인의 장례식을 치르고 1년이 지났을 때 우리 가족 모두는 에티오피아로 날아갔다. 장인어른이 개척을 도왔던 1만 명 규모의 교회를 방문하기 위해서였다. 우리는 그 교회 목회자인 베타 멘기스투 목사에게 장인의 장례식에서 모금한 선교헌금을 눈물로 전달했고 그 또한 눈물로 받았다. 그리고 그 기억은 내 인생의 결정적 순간들 중 하나로 언제나 남아 있을 것이다. 문득 나는 나의 장인어른이 세상을 떠난 지 1년이 지났지만 여전히 선교 후원금을 내고 있다는 생각이 들었다. 장인어른을 향한 하나님의 계획이 하나의 유산이 된 것이다. 그리고 그 유산은 돈을 초월한 것이었다.

내셔널커뮤니티교회의 행정목사이자 나의 처남인 조엘 슈미드걸은 자신의 아버지가 남긴 유산을 실천하며 살아가고 있다. 그는 선교를 향한 마음을 아버지에게 물려받았다. 내셔널커뮤니티교회의 선교 투사라고 할 수 있겠다. 우리 교회에서는 올해 열두 차례의 선교여행을 계획하고 있다. 그리고 매주 한 번, 1년 52회의 선교여행을 떠날 날을 꿈꾼다. 1년 내내 매주 선교 팀이 오고 가는 동안 사람들에게 어떤 영향을 미칠지 상상해보라.

교회로서 우리가 가지고 있는 비전이 단지 20개의 예배 장소를 확보하는 것만은 아니다. 우리는 작년에만 50만 달러 이상의 헌금을 선교에 바쳤고, 2020년에는 해마다 1백만 달러를 선교에 바칠 목표로 박차를 가하는 중이다. 나는 내셔널커뮤니티교회가 단지 성장이라는 목적만으로 더 성장하는 것을 원하지 않는다. 더 많은 것을 주기 위해 더 성장하기를 원한다. 그것이 하나의 교회로서 우리를 향한 하나님의 계획이요 하나의 가족으로서 후대에 남겨줄 우리의 유산이다. 우리를 향한 하나님의 계획이 우리가 남겨줄 유산이다.

✚ 우리 인생의 다음 장

자기발견의 여정은 하나님의 계획 그 이상을 밝혀준다. 후대에 남길 유산을 밝혀준다. 당신이 기억하는 것들 그 이상을 밝혀준다. 당신이 후대에 어떻게 기억될지를 밝혀준다.

자기발견의 여정은 수동적인 과정이 아니다. 하나님의 계획을 이루느냐 이루지 못하느냐는 나 자신의 결심에 따라 좌우되는 것이다. 당신을 정의하는 것은 행동과 반응이다. 그러므로 피해자처럼 굴지 말라. 승리자로 살아라. 그것이 바로 그리스도 안에 있는 당신의 모습이다. 지금까지 당신이 저지른 잘못이 당신을 정의하는 것이 아니다. 그리스도께서 하신 일, 그리스도의 의(righteousness)가 당신을 정의한다. 그것이 당신에게 남기신 유산이며 당신을 향한 그분의 계획이다.

모든 사람의 인생에는 하나님의 계획 안으로 들어갈 기회를 얻는 순간이 찾아온다. 지금이 바로 그 순간이다. 이 책의 마지막 장을 다 읽은 지금, 당신 인생의 다음 장을 시작하기를 기도드린다. 어떻게 시작하면 될까?

자, 주님 앞에 앉아 이렇게 질문하라.

"저는 누구입니까?"

그 질문이 자기발견의 여정에 시동을 걸 것이다. 그 자기발견의 여정은 영원을 통해 지속될 것이다.

오늘부터 시작하라!

자기발견의 여정은 "저는 누구입니까?"라고 하나님께 묻는 데서부터 시작된다. 진정한 자기발견은 오직 하나님 앞에서만 일어나기 때문이다. 그리고 자신의 독특함이 하나님께로부터 온 선물임을 시인할 때, 그때 비로소 이기적이고 교만한 삶이 아니라 하나님을 예배하는 삶을 살 수 있다. 장차 어느 날 하나님께서 우리 각자에게 이름을 주실 것이며, 그 이름은 우리가 누구이며 영원토록 누가 되어갈 것인지에 관한 진정한 본질을 표현할 것이다. 그동안 우리는 영혼의 지문대로 사는 삶이 우리를 향한 하나님의 계획이며 동시에 후대에 남길 유산이라는 사실을 깨달아야 한다.

당신이 오늘 죽는다면 미래 세대에 어떤 종류의 유산을 남기겠는가? 또한 어떤 종류의 유산을 남기고 싶은가? 그런 희망사항을 깊이 고려할 때, 영혼의 지문을 더 잘 이해하고 그 지문대로 잘 살아야 한다는 것과 관련하여 무엇을 어떻게 해야겠다는 생각이 드는가?

후주

1) Meg Greenfield, Washington (New York: PublicAffairs, 2011), 20, 23, 61-62, 76-77.

2) Malcolm Gladwell, "The Use of Adversity," New Yorker, November 10, 2008. http://www.newyorker.com/reporting/2008/11/10/081110fa_fact_gladwell?currentPage=all

3) David McCasland, Oswald Chambers: Abandoned to God: The Life Story of the Auther of "My Utmost for His Hightest"(Grand Rapids: Discovery, 1993), 190.

4) Mitch Albom, Tuesday with Morrie (New York: Random House, 1997), 118, 120-121.

5) W. Penfield, "Memory Mechanisms," A.M.A.Archives of Neurology and Phychiatry 67(1952): 178-98, Thomas A. Harris, M.D., I'm OK-You're OK (1969; 재판, New York: Quill, 2004), 5-9에서 인용.

6) George Russell, "Germinal," in Vale and Other Poems(New York: Macmillan, 1931), 29.

7) Alexander Solzhenitsyn, 졸참나무와 송아지(The Oak and the Calf: Sketches of Literary Life in the Soviet Union) (San Francisco: Harper & Row, 1980), 111.

8) Frederick Beuchner, 하나님을 향한 여정(The Sacred Journey) (New York: HarperCollins, 1982), 46.

9) C. S. Lewis, Mere Christianity 의역본 (1952; 재판, New York: HarperCollins, 2001), 205.

10) Laurie Beth Jones, The Power of Positive Prophecy: Finding the Hidden Potential in Everyday Life (New York: Hyperio, 1999), 9.

11) Frederick Beuchner, The Alphabet of Grace (San Francisco: HarperOne, 1989), 14.

나의 인생 설계도

초판 1쇄 발행	2016년 5월 2일
초판 3쇄 발행	2016년 7월 15일

지은이 　마크 배터슨
옮긴이 　배응준

펴낸이 　여진구
책임편집 　3팀 ㅣ 안수경, 유혜림
편집 　1팀 ㅣ 이영주, 김수미　　2팀 ㅣ 최지설, 김나언　　4팀 ㅣ 김아진
책임디자인 　마영애 ㅣ 이혜영, 노지현
기획·홍보 　김영하　　　　　　　　　　　해외저작권 　김나은
마케팅 　김상순, 강성민, 허병용, 이기쁨　마케팅지원 　최영배, 이명희
제작 　조영석, 정도봉　　　　　　　　　경영지원 　김혜경, 김경희

이슬비전도학교 　최경식, 전우순　　　　　303비전성경암송학교 　박정숙, 정나영, 정은혜
303비전장학회 & 303비전꿈나무장학회 　여운학

펴낸곳 　규장

주소 　137-893 서울시 서초구 매헌로 16길 20(양재2동) 규장선교센터
전화 　02)578-0003　　팩스 　02)578-7332
이메일 　kyujang0691@gmail.com　　홈페이지 　www.kyujang.com
트위터 　twitter.com/_kyujang　　페이스북 　facebook.com/kyujangbook
등록일 　1978.8.14. 제1-22

ⓒ 한국어 판권은 규장에 있습니다.
이 출판물은 저작권법에 의해 보호를 받는 저작물이므로 무단 전재와 무단 복제를 할 수 없습니다.

책값 　뒤표지에 있습니다.
ISBN 978-89-6097-448-7 03230

규 ㅣ 장 ㅣ 수 ㅣ 칙

1. 기도로 기획하고 기도로 제작한다.
2. 오직 그리스도의 성품을 사모하는 독자가 원하고 필요로 하는 책만을 출판한다.
3. 한 활자 한 문장에 온 정성을 쏟는다.
4. 성실과 정확을 생명으로 삼고 일한다.
5. 긍정적이며 적극적인 신앙과 신행일치에의 안내자의 사명을 다한다.
6. 충고와 조언을 항상 감사로 경청한다.
7. 지상목표는 문서선교에 있다.

하나님을 사랑하는 자 곧 그의 뜻대로 부르심을 입은 자들에게는 모든 것이 合力하여 善을 이루느니라 (롬 8:28)

규장은 문서를 통해 복음전파와 신앙교육에 주력하는 국제적 출판사들의 협의체인 복음주의출판협회(E.C.P.A:Evangelical Christian Publishers Association)의 출판정신에 동참하는 회원(Associate Member)입니다.